AF280851

Hans-Jürgen Reinhardt

Wie Nordhausen zur Industriestadt wurde
(Anfang des 19. Jahrhunderts bis 1914)

Bilder auf dem Cover

Stadtansicht von Nordhausen, 1841. https://nordhausen-wiki.de/wiki/Datei: Stadtansicht_Nordhausen_Stich.jpg, abgerufen am 27.02.2025

Badehaus Nordhausen, 2018 (Foto: Hans-Jürgen Reinhardt)

Fabrikgebäude der ehemaligen Firma Kneiff, 2018 (Foto: Hans-Jürgen Reinhardt)

12-Farben-Tapeten-Druckmaschine von Julius Fischer, um 1926. In: Magistrat der Stadt Nordhausen: Nordhausen - Die tausendjährige Stadt am Harz. DARI-Verlag, Berlin-Halensee, 1926

Wie
Nordhausen
zur
Industriestadt
wurde
(Anfang des 19. Jahrhunderts bis 1914)

Hans-Jürgen Reinhardt

Bibliografische Informationen der Deutschen Bibliothek:
Die deutsche Bibliothek verzeichnet diese Publikation in der
deutschen Nationalbibliografie; detaillierte bibliografische
Daten sind im Internet über http://dnb.de abrufbar.

© 2025, Hans-Jürgen Reinhardt
Verlag:
BoD · Books on Demand GmbH, Überseering 33,
22297 Hamburg, bod@bod.de
Druck:
Libri Plureos GmbH, Friedensallee 273, 22763 Hamburg

ISBN: 978-3-7693-5733-2

Inhaltsverzeichnis

Vorwort

Bereits in meiner Jugendzeit beeindruckten mich die Villen der Gründerzeit in der Oberstadt von Nordhausen. Die interessante und vielfältige Gestaltung der Fassaden empfinde ich auch heute noch als Ausdruck eines Aufblühens der Stadt und seiner Architektur. In dieser Zeit hat die Stadt einen erstaunlichen wirtschaftlichen Aufschwung genommen, der auch zu einem beträchtlichen Wohlstand in Nordhausen führte. Von Anfang des 19. Jahrhunderts bis 1914, dem Beginn des Ersten Weltkrieges, entwickelte sich Nordhausen zur Industriestadt. Die außerordentliche Entwicklung weckte bei mir ein tiefes Interesse, diese Zeit zu ergründen. So habe ich mich 2018 an der Vorbereitung und Durchführung der Ausstellung „Innovation aus Tradition - Industrialisierung in Nordhausen" des Geschichtsvereins beteiligt. Später entstand die Idee, ein Buch über diese Periode des erfolgreichen Unternehmertums im Zusammenhang mit der Entstehung neuer Wohngebiete und dem Ausbau der Stadtstruktur Nordhausens zu schreiben. In diesem Buch behandle ich den Entwicklungsweg verschiedener Industriezweige und Unternehmen einschließlich ihrer technologischen und technischen Prozesse, die Herausbildung der Infrastruktur und wichtige Aspekte der Bebauung der Stadt. Diese Betrachtungen werden eingebettet in die Entwicklung in Deutschland und in die Geschichte der Technik. In ausgewählten repräsentativen Fällen wird auch der Bezug zur Gegenwart hergestellt.

Ich möchte mit der Veröffentlichung an diese markante industrielle und städtische Entwicklung erinnern, die auch in der heutigen Zeit ermutigen kann, neue innovative Projekte anzugehen.

Nordhausen, im Februar 2025

Dr. Hans-Jürgen Reinhardt

1 Einleitung

Mit dieser Veröffentlichung soll eine der erfolgreichsten Perioden der Stadtentwicklung von Nordhausen, nämlich der Übergang zur Industriestadt im Zusammenhang mit der Entwicklung in Deutschland übersichtlich und in komplexer Form dargestellt werden. Bis zur Mitte des 19. Jahrhunderts war Nordhausen vor allem durch das Handwerk, den Handel und die Viehwirtschaft geprägt. Bild 1 vermittelt eine Vorstellung von der Stadt im Jahr 1841.

Bild 1: Stadtansicht von Nordhausen im Jahr 1841[1]

Für die wirtschaftliche Entwicklung der Stadt waren zu dieser Zeit auch die Brauindustrie (ab etwa 1350) sowie die Branntweinherstellung (ab etwa 1750) und die damit verbundene Viehzucht von erheblicher Bedeutung. Bei dem damaligen Verfahren der Branntweinherstellung entstand eine nahrhafte Schlempe, die sehr gut als Viehfutter geeignet war. Das führte dazu, dass trotz geringer

[1] Stadtansicht von Nordhausen. https://nordhausen-wiki.de/wiki/Datei:Stadtansicht_Nordhausen_Stich.jpg, abgerufen 27.02.2025

landwirtschaftlicher Nutzfläche der Stadt noch 4.000 Schweine und 1.200 Rinder im Jahr 1860 gemästet wurden.[2] Auf einem Gemälde von Wilhelm Eichler, das um 1850 entstand, ist der letzte Schweinehirt der Stadt, namens Meister, dargestellt (Bild 2).

Bild 2: Letzter Schweinehirt der Stadt Nordhausen[3]

Die Schwerpunkte der Betrachtungen dieser Veröffentlichung sind die Entwicklung der Industrie, der Unternehmen, der Infrastruktur und des Bauwesens der Stadt Nordhausen im 19. Jahrhundert bis zum Beginn des Ersten Weltkrieges.

Diese Zeit, vor allem ab 1870, war gekennzeichnet durch Gründungslust, Produktionssteigerung, Arbeitermangel, Lohnsteigerung, Kreditverbilligung, Preissteigerung und Spekulations-

---

[2] Kneffel, Heidelore: Das Denkmal für Prof. Dr. Kützing im Gehege. In: Nordthüringen vom 04.03.2024. https://www.nordthueringen.de/news/news_lang.php?ArtNr=342227, abgerufen am 05.08.2024

[3] Letzter Schweinehirt der Stadt. Kunstsammlung der Stadt Nordhausen. Foto: Heidelore Kneffel. https://www.nordthueringn.de/news/news_lang. php?ArtNr= 342227, abgerufen am 05.08.2024

lust.[4] Unterbrochen wurde die stürmische wirtschaftliche Entwicklung durch den Deutsch-Französischen Krieg 1870/1871 und den „Gründerkrach" im Jahr 1873. Die Gründe für den „Gründerkrach" waren vor allem ein Überangebot von Rohstoffen, Waren und Gütern sowie Fehlspekulationen. Die Krise konnte jedoch nach wenigen Jahren überwunden werden.

Ab Mitte des 19. Jahrhunderts wurde auch in Nordhausen, wie in vielen Städten Deutschlands, eine Vielzahl von Firmen gegründet und die Infrastruktur unter Berücksichtigung neuester technischer Entwicklungen ausgebaut und erweitert. Durch den Ausbau der Straßen, z. B. Halle-Nordhausen-Kassel in den Jahren 1819 bis 1825[5], und den Bau der Eisenbahnlinien, z. B. Halle-Nordhausen-Kassel von 1866 bis 1872[6], verbesserten sich die Belieferungs- und Absatzmöglichkeiten der Nordhäuser Industriebetriebe wesentlich. Positive Auswirkungen auf die Entwicklung der Industrie hatte ebenfalls die Aktienrechtsreform von 1870. Sie führte dazu, dass z. B. in Nordhausen kurze Zeit später drei Aktiengesellschaften gegründet wurden:

- Aktiengesellschaft für Tapetenproduktion (1871),
- Harzer Aktiengesellschaft von Thelen & Weydemeyer (1872),
- Aktiengesellschaft für Fabrikation von Eismaschinen, vormals Oscar Kropff & Co. (1871).[7]

Es entstanden z. B. neue Fabriken, neue Wohnviertel mit Landhäusern und Villen sowie Parks, Straßen mit Kanalisation, ein Elektrizitätswerk, ein Straßenbahnnetz und eine Talsperre.

Viele Nordhäuser haben sich auch damals für die Entwicklung des kulturellen Lebens in der Stadt sehr engagiert. Es gab eine Vielzahl von Vereinen und mehrere Theater wurden gebaut.

Die Architektur der öffentlichen Bauten, der Villen sowie der Produktions- und Verwaltungsgebäude war sehr vielfältig, die verschiedensten Baustile fanden Anwendung.

---

[4] Popp, Arthur: Die industrielle Entwicklung Nordhausens. Eduard Klinz Buchdruckwerkstätten, Halle (Saale), 1935, S. 76
[5] Heineck, Hermann: Geschichte der Stadt Nordhausen 1802-1914. In: Das tausendjährige Nordhausen. Zweiter Band, Theodor Müller, Nordhausen am Harz, 1927, S. 132
[6] Heineck 1927, S. 153
[7] Popp 1935, S. 75

Neue Industriezweige bildeten sich heraus, neue Produkte und Produktionsmethoden wurden entwickelt und der Handel weit über Thüringen und Deutschland hinaus erfolgreich betrieben. Durch fleißige und zielstrebige Arbeit der Nordhäuser entstand eine reiche Stadt mit einer hervorragenden Infrastruktur.

2 Die industrielle Revolution in Deutschland
2.1 Staatliche und politische Entwicklung

Die industrielle Revolution fand in Deutschland im Wesentlichen zwischen 1830 und 1914 statt. Man unterscheidet zwei Phasen:
- Phase 1: 1830 bis 1873 (Gründerkrise),
- Phase 2: 1873 bis 1914 (1. Weltkrieg).

Deutschland konnte in der Phase 1 den industriellen Rückstand gegenüber England überwinden. Ursachen für den industriellen Rückstand waren vor allem die staatliche Zersplitterung, das Fehlen eines nachfragekräftigen Marktes und eines ausgebauten Verkehrsnetzes sowie die Technologiefeindlichkeit des Adels.

Mit der Gründung des Deutschen Zollvereins 1834 wurde ein Binnenmarkt mit einheitlichen fiskalisch-ökonomischen Rahmen-bedingungen geschaffen. Das war eine wichtige Voraussetzung für die erfolgreiche wirtschaftliche Entwicklung. Die Größe und die Entwicklung des Deutschen Zollvereins zeigt Bild 3 (Seite 12).

Im Jahr 1870 war das Gebiet des Zollvereins nach Großbritannien und den USA die drittgrößte Industriemacht. Weitere wichtige Maßnahmen für die erfolgreiche Industrialisierung waren die preußischen Reformen nach 1806, wie die Abschaffung der Leibeigenschaft, die Agrarreform, die Einführung der Gewerbe-freiheit und die Vereinheitlichung des Steuersystems.

In der zweiten Phase der industriellen Revolution wurde Deutschland Vorreiter auf den Gebieten Chemie, Maschinenbau und Elektrotechnik für viele Nationen. Aus einer Gesellschaft von Bauern und Handwerkern entwickelte sich eine moderne Industriegesellschaft. Große Industriebetriebe mit modernen Maschinen zur Massenproduktion entstanden aus vielen Handwerksbetrieben. In dieser Zeit des Umbruchs gab es zahlreiche erfolgreiche Gründer, wie z. B. Alfred Krupp, Carl Zeiss, Werner Siemens und Carl Benz, die oft auch Erfinder waren.

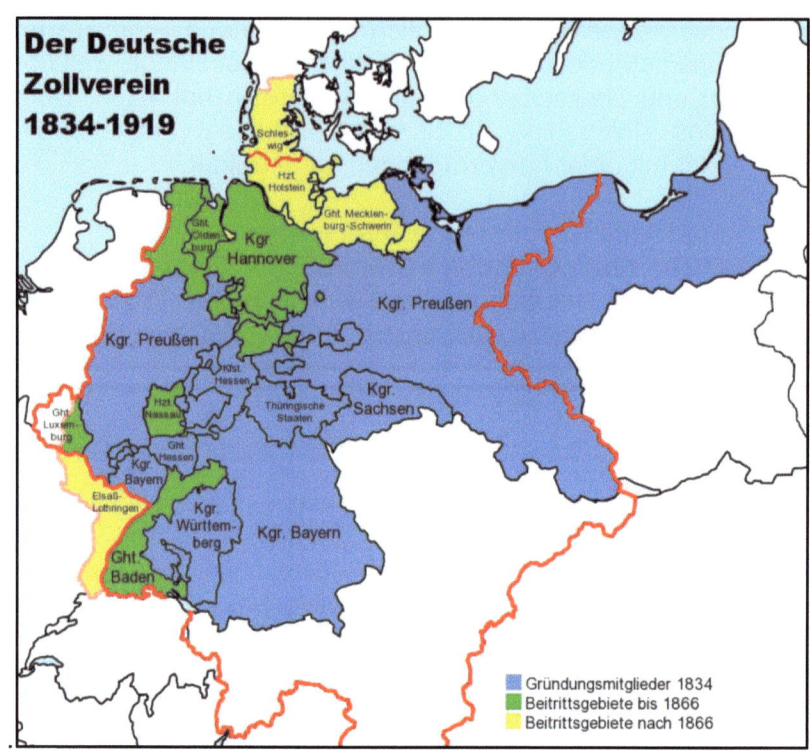

Bild 3: Der deutsche Zollverein 1834 bis 1919[8]

Die schnelle industrielle Entwicklung hat dazu geführt, dass sich das Leben und seine Grundlagen für viele Menschen in Deutschland stark veränderten und die Bevölkerung zunahm.
So stieg die Bevölkerung von 1800 bis 1900 von 24,6 Mio. Menschen auf 56,4 Mio. Menschen.[9]
Die Stadt wurde die neue Lebenswelt vieler Menschen. So erhöhte sich z. B. die Einwohnerzahl Berlins von 172.000 im Jahr 1800 auf 1,9 Millionen im Jahr 1900.[10] In dieser Zeit entstand in den Städten

---

[8] Der deutsche Zollverein. Von Pischdi, CC BY-SA 3.0. https://commons. wikimedia.org/w/index.php?curid=14845135, abgerufen am 11.08.2023
[9] Gunkel, Christoph: Mensch oder Maschine. In: Der Spiegel Geschichte, 4 (2018), S. 28
[10] Gunkel 2018, S. 22

das Proletariat.

Zu diesen gravierenden Veränderungen hat die staatliche und politische Entwicklung wesentlich beigetragen. Nachfolgend sind die wichtigsten Ereignisse übersichtlich zusammengestellt:

➢ 1815-1866 Deutscher Bund:

- Nach dem Wiener Kongress 1815 schlossen sich 35 Länder und 4 freie Städte zusammen.
- Der Deutsche Zollverein wird 1834 gegründet. Die meisten Staaten des Deutschen Bundes traten ein. Dadurch entstand ein großer gemeinsamer Wirtschaftsraum.
- 1848/1849 fand die bürgerliche Revolution statt, die aber unterdrückt wurde.
- 1866 besiegte Preußen Österreich bei Königgrätz in Böhmen. Der Deutsche Bund wurde aufgelöst und von Preußen der Norddeutsche Bund gegründet.

➢ 1871-1918 Deutsches Kaiserreich:

- Nach dem Krieg gegen Frankreich wurde 1871 das Deutsche Reich unter Führung von Preußen gegründet.
- Die Bevölkerung wuchs von 25 Millionen (1850) auf 68 Millionen (1914).
- Die Industrie entwickelte sich mit hohem Tempo. Dazu haben auch die Reparationsleistungen von Frankreich beigetragen.
- Durch den Ausbau der Straßen, der Eisenbahnlinien und der Binnenschifffahrt in ganz Deutschland entstand ein großer einheitlicher, schnell erreichbarer Markt.
- Im Welthandel errang Deutschland den zweiten Platz.
- Im Jahr 1883 wurden Sozialversicherungen und Arbeits-schutzgesetze eingeführt. Das änderte jedoch wenig an der Ausbeutung der Arbeiterschaft. Die Arbeitszeit betrug um 1840 zwischen 12 h und 14 h je Tag. Sie verringerte sich nur lang-sam und lag 1910 bei ca. 10 h.
- Dem Reichtum der Gründer und des Bürgertums stehen die Armut und das Elend vieler kleiner Leute gegenüber. Die Landbevölkerung wanderte in Massen aus den Dörfern in die Städte. Die Ursachen waren die mögliche Verarmung in den Dörfern, die Freiheit, das Dorf verlassen zu können (nach der preußischen Agrarreform), und die Hoffnung auf ein besseres

Leben. In den Städten fehlte es aber an Wohnraum und Infrastruktur (Wasser, Gas, Elektrizität, Krankenhäuser). Dadurch entstanden Elendsviertel.

Besonders hervorzuheben ist die Gründerzeit, die im engeren Sinne die Zeit zwischen dem Deutsch-Französischen Krieg 1871 und dem Börsenkrach von 1873 umfasst. In dieser Zeit wurden viele Kapitalgesellschaften gegründet, eine Vielzahl von Fabriken aufgebaut und Eisenbahnen in starkem Umfang finanziert. Diese Entwicklung wurde durch einen Börsencrash jäh beendet. Er begann 1873 in Wien und kam über New York im Oktober 1873 nach Berlin. In Deutschland brachen 61 Banken, 116 Industrieunternehmen und 4 Eisenbahngesellschaften zusammen. In Berlin mussten von 50 neu gegründeten Baufirmen 40 aufgeben. Industrie und Handwerk verloren in Berlin etwa ein Viertel der Arbeitsplätze.[11] Die Überwindung dieser Krise dauerte mehrere Jahre. Ein stetiges Wachstum konnte erst um 1880 wieder erreicht werden.

2.2 Wissenschaftliche, technische und industrielle Entwicklung

Hervorragende technische Leistungen hatten einen großen Einfluss auf die Industrialisierung in Deutschland. Beispiele dafür sind:

- **die Dampfmaschine:** Die erste deutsche Dampfmaschine Wattscher Bauart wurde 1785 von Carl Friedrich Bückling für den König-Friedrich-Schacht bei Hettstedt gebaut.
- **die Eisenbahn:** Die Eröffnung der ersten Bahnstrecke zwischen Nürnberg und Fürth fand 1835 statt.
- **der Elektromotor:** Den ersten brauchbaren Elektromotor entwickelte1834 der Ingenieur Hermann Jacobi in Potsdam.
- **die Telegrafie, Telefonie:** In Preußen wurden 1832 die erste optische und 1849 die erste elektrische Telegrafenlinie installiert sowie 1877 die Telefonie eingeführt. Es war eine Revolution auf dem Gebiet der Kommunikation, die sich im 19. Jahrhundert vollzog.

---

[11] Kretz, Sebastian: Die Zeit der Gründer. In: GEO EPOCHE 52 (2011), S. 102

- **das Auto**: Carl Benz ließ sich seine Motorkutsche mit Verbrennungsmotor für 4 Personen 1886 patentieren und gründete eine Fabrik, die 1900 die größte Automobilfabrik der Welt war.[12]
- **das Flugzeug**: Otto Lilienthal führte in den 1890er-Jahren die ersten Gleitflüge durch. 1903 fand der erste motorisierte Flug von den Brüdern Orville und Wilbur Wright statt.[13]
- **die Drucktechnik:** 1811 wurden die Schnellpresse, 1845 die Rotationsdruckmaschine und 1866 die Linotype-Setzmaschine erfunden.

Das beeindruckende Tempo der Entwicklung der Industrie in Deutschland kann weiterhin durch folgende Zahlen belegt werden:

- Die jährliche Förderung der Stein- und Braunkohle stieg von 1840 bis 1844 von 4,4 Mio. Tonnen auf 157,3 Mio. Tonnen im Zeitraum 1900 bis 1904 (Bild 4).

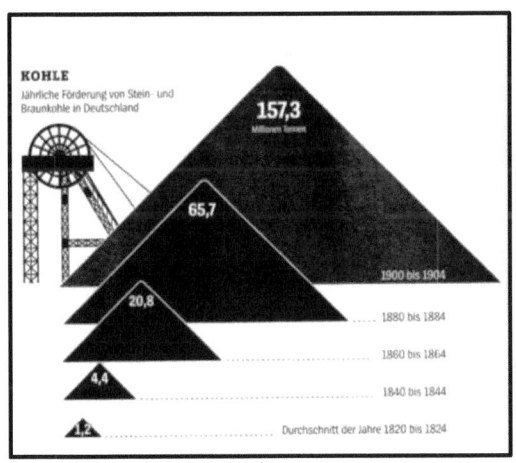

Bild 4: Steigerung der Förderung von Stein- und Braunkohle von 1820 bis 1904[14]

---

[12] Pionier der Mobilität – Carl Benz. In: GEOEPOCHE KOLLEKTION, Nr. 2 (2016), S. 83
[13] Technikgeschichte des 19. Jahrhunderts. https://de.wikipedia.org/wiki/ Kategorie:Technikgeschichte_(19._Jahrhundert), abgerufen am 01.10.2024
[14] Gunkel 2018, S. 2

- Die Roheisenproduktion erhöhte sich von 160.000 Tonnen in den Jahren 1840-1844 auf 7.925.000 Tonnen in der Zeit von 1900 bis 1904.
- Das Eisenbahnnetz wurde von 469 km im Jahr 1840 auf 61.749 km bis zum Jahr 1914 erweitert.[15]

Es entstanden viele Firmen, die später Weltkonzerne wurden und zum Teil heute noch existieren. Einige Beispiele sind: BASF, Thyssen, Carl Zeiss, Siemens, Henkel, Linde, Bosch und Nestlé.

Aufgrund der Gründungswelle von technischen Fachhochschulen sowie von umfangreichen Investitionen in Schulen und Gymnasien wurde das Bildungsniveau kräftig erhöht.

Auf dem Gebiet der Forschung und Entwicklung erreichte Deutschland im 19. Jahrhunderts einen Spitzenplatz. „Mitte des 19. Jahrhunderts gibt es in Deutschland eine Generation hochbegabter Naturwissenschaftler, deren Erkenntnisse und Erfindungen kurz darauf die Welt verändern."[16] Die Anzahl der Patentanmeldungen erhöhte sich von 7.000 im Jahr 1840 auf 45.000 im Jahr 1910.[17] Von 1900 bis 1914 erhielten 18 deutsche Wissenschaftler den Nobelpreis. Dazu gehörten z. B. Emil von Behring, Wilhelm Conrad Röntgen, Emil Fischer, Robert Koch, Adolf von Bayer und Wilhelm Ostwald.

3 Voraussetzungen für die erfolgreiche Entwicklung der Stadt Nordhausen

Nordhausen war im 17. und 18. Jahrhundert noch stark landwirtschaftlich geprägt.[18] Folgende Wirtschaftszweige der Stadt spielten damals eine Rolle: Ackerbau, Landwirtschaft, Gartenbau, Viehwirtschaft, Getreidehandel, Ölhandel, Braugewerbe, Branntweinindustrie, Viehhandel, Holzhandel, Eisenhandel und Tabakindustrie. Besondere Bedeutung hatten der Fruchthandel,

---

[15] Gunkel 2018, S. 28-29
[16] Fest, Nicolaus: Weltmacht in den Wissenschaften. In: GEO EPOCHE 52 (2019), S. 140
[17] Fest 2019, S. 141
[18] Oelze, Hans: Das Wirtschaftsleben der Stadt Nordhausen am Harz in den letzten beiden Jahrhunderten ihrer Reichsunmittelbarkeit. Dissertation an der Philosophischen Fakultät der Universität Leipzig 1933, Buchdruckerei Trosse, Nordhausen, 1933, S. 66

die Branntweinindustrie und der Viehhandel.[19] Daraus leitet sich ab, dass Nordhausen auch eine Handelsstadt war. Im 18. Jahrhundert wurden die Grundlagen für die erfolgreiche Entwicklung der Branntwein- und der Tabakindustrie geschaffen. Anfang des 19. Jahrhunderts beschleunigte sich die wirtschaftliche Entwicklung der Stadt. Dazu haben auch die nachfolgenden politischen und gesetzgeberischen Entscheidungen beigetragen. Im Jahr 1802 endet die Reichsfreiheit von Nordhausen und Preußen übernimmt die Stadt. Sie hatte damals 8.355 Einwohner. Nach dem Zusammenbruch Preußens 1806 wurde Nordhausen 1807 dem Königreich Westfalen zugeordnet. Mit der Einführung der Gewerbefreiheit 1809 war es leichter möglich, Firmen zu gründen. Nach dem Wiener Kongress 1815 fiel Nordhausen wieder an Preußen. Im Jahr 1818 wurden die Binnenzölle innerhalb Preußens aufgehoben und 1834 der Deutsche Zollverein gegründet. Dadurch fielen die Zollschranken nach Sachsen, Thüringen und Hessen weg. Hannover trat 1834 dem Zollverein ebenfalls bei. Der Markt erweiterte sich für die Nordhäuser Firmen beträchtlich.

Ab dem Jahr 1816 wurde der Aufbau eines Straßennetzes zügig vorangetrieben. So erfolge der Ausbau der Straßen von Halle über Nordhausen nach Kassel (1819-1825) und von Nordhausen über Sondershausen nach Erfurt (1844).[20]

Obwohl in Deutschland die erste Eisenbahn 1835 in Betrieb genommen wurde, musste man in Nordhausen bis 1866 auf die erste Eisenbahnlinie von Nordhausen nach Halle warten. 1872 war dann auch die Strecke von Nordhausen nach Kassel fertiggestellt. Neue Absatzgebiete für Branntwein, Tabak und die Textilindustrie konnten erschlossen werden. Diese Entwicklung führte zu einem Aufschwung von Industrie und Handel in Nordhausen. Die direkte Verbindung zu den Städten Goslar, Bad Harzburg, Quedlinburg, Halberstadt und Braunschweig fehlt aber bis zum heutigen Tag. Diesen Nachteil konnte auch die 1899 eröffnete Harzquerbahn nicht ausgleichen. Die Stadt Nordhausen unterstützte die Entwicklung der Industrie aktiv, insbesondere auf dem Gebiet der

---

[19] Oelze 1933, S. 111
[20] Heineck 1927, S. 132

Ausbildung. Im Jahr 1836 wurde z. B. eine Sonntagsschule für Handwerker eingerichtet. Die von der Stadt unterstützte „Gewerbliche Fortbildungsschule" besuchten 700 Schüler im Jahr 1875. Weiterhin wurden Gewerbe- und Industrieausstellungen veranstaltet, die erste Ausstellung fand 1851 statt. Die „Kunst- und Industrieausstellung" von Juli bis August 1862 nutzten etwa 1.000 einheimische und auswärtige Aussteller.[21]

Nordhausen erreichte 1880 eine Bevölkerungszahl von 26.298. Damit überschritt die Stadt die untere Grenze von 25.000 Einwohnern für eine kreisfreie Stadt. Nach Beantragung und Erfüllung der gesetzlichen Anforderungen wurde Nordhausen 1882 eine kreisfreie Stadt. Es gab dann einen Stadtkreis Nordhausen und einen Landkreis Grafschaft Hohenstein.[22] Diese Zweiteilung blieb bis 1945 erhalten.

4 Bevölkerungsentwicklung und Berufsgruppen in Nordhausen

- **Bevölkerungsentwicklung**

Einen Überblick über die Bevölkerungsentwicklung von 1820 bis 1912/13 gibt Tabelle 1.

Jahr	Anzahl	Evang.	Katholisch	Dissidenten	Jüdisch
1820	9.058				
1840	12.000				
1855	15.635	14.277	737	311	316
1862	17.496	15.897	825	377	397
1871	21.270	19.482	1.056	478	448
1882	26.198	23.943	1.255	406	494
1890	26.847				
1900	28.494				
1910	32.582				
1912/13	32.958				

Tabelle 1: Entwicklung der Einwohnerzahl von 1820 bis 1913[23]

---

[21] Propp 1935, S. 51
[22] Heineck 1927, S. 174
[23] Heineck 1927, S. 146, 208

Nordhausen war im Jahr 1834 noch eine Handwerker- und Handelsstadt mit 12.090 Einwohnern und 1.400 Wohnhäusern. Die Zahl der Einwohner von Nordhausen stieg von 1840 bis 1912/13 von etwa 12.090 Einwohner auf 32.958 Einwohner, das ist etwa das 2,7-Fache. Wahrscheinlich ist das die stärkste Bevölkerungszunahme in der gesamten Stadtgeschichte.

Interessant ist auch, dass Nordhausen um 1900 eine junge Stadt war. Zum Beispiel lebten 1901 10.707 Kinder und 1911 13.871 Kinder in der Stadt.[24]

- **Berufsgruppen**

Eine Vorstellung über das Arbeitsleben in der Stadt zu Beginn des 20. Jahrhunderts vermittelt die Übersicht über die Berufsgruppen in den Jahren 1901 und 1911 (siehe Tabelle 2).

Berufsgruppen	1901	1911
Beamte, Lehrer	1.181	1.551
Künstler, Techniker	75	223
Kaufleute	1.296	1.233
Handwerker	3.160	3.025
Sonstige Gewerbetreibende	518	528
Pensionäre, Zöglinge	273	127
Arbeiter, Kutscher	1.354	1.478
Fabrikarbeiter	460	519
Fabrikarbeiterinnen	174	194
Verkäuferinnen, Näherinnen	1.012	431
Dienstmädchen	1.410	1.465

Tabelle 2: Berufsgruppen der Einwohner der Stadt Nordhausen 1901 und 1911[25]

Die größten Berufsgruppen waren die Handwerker, die Arbeiter sowie die Beamten, einschließlich Lehrer. Die Beamtenschaft von Nordhausen war beachtlich groß und hatte Einfluss auf die Entwicklung der Stadt. Es gab eine ganze Reihe von Anstalten und

---

[24] Heineck 1927, S. 192
[25] Heineck 1927, S. 192

Behörden um 1905 in Nordhausen: das Postamt, das Telegrafen-
amt, die Reichsbank, das Landratsamt, das Landgericht, das
Amtsgericht, das Bergrevier Nordhausen-Stolberg (ab 1905), zwei
Eisenbahnämter und ein Hauptzollamt.

5 Schulen in Nordhausen

Die Schulen hatten und haben eine große Bedeutung für die Entwicklung des geistig kulturellen Lebens der Stadt. Aber auch auf
die Entwicklung des Handwerks und der Industrie hat der Bildungs-
stand der Bewohner erheblichen Einfluss, das galt vor allem in der
Zeit der Industrialisierung in Nordhausen. Denn in dieser Zeit entstanden neue Unternehmen in Verbindung mit neuen Technologien, die sich im nationalen und internationalen Wettbewerb be-
währen mussten. Dazu brauchte man gut ausgebildete und ent-
wicklungsfähige Fachkräfte. Deshalb wird in diesem Kapitel ein
Überblick über die Schularten in Nordhausen im Zeitraum 1851 bis
1912 gegeben. Es gab 1851 folgende Schulen und Schülerzahlen
in der Stadt:

- Gymnasium: 192,
- Realschule: 211,
- Bürgerknabenschule: 204,
- Bürgermädchenschule in Oberstadt und Unterstadt: 298,
- Elementar-Volksschule: 615,
- Waisenhausschule: 265.

Insgesamt unterrichteten im Jahr 1851 57 Lehrer bzw. Lehrerinnen
1716 Schulkinder.[26]
Lange Zeit war die Stadt für die Schulen verantwortlich, was zu
wachsender finanzieller Belastung für den Haushalt der Stadt
führte. Im Jahr 1889 ging das Gymnasium in die staatliche Träger-
schaft über.[27] Folglich waren die Vorgaben und Verordnungen des
Staates einzuhalten. In den nächsten Jahren erhöhte sich die Anzahl der Schulkinder und der Lehrkräfte kontinuierlich. Die nach-
folgende Übersicht beinhaltet die Schularten der Stadt und ihre

---

[26] Heineck 1927, S. 166
[27] Schenk, Toralf: Das höhere Schulwesen in Nordhausen im 19. Jahrhundert.
    Zwischen staatlichem Anspruch und Realität. GRIN Verlag, München, 2002,
    S. 171

Schüler im Jahr 1912:
- Gymnasium: 268,
- Realgymnasium: 386,
- Vorschule: 98,
- Knabenmittelschule: 754,
- Mädchenmittelschule: 554,
- Knabenvolksschule I: 798,
- Knabenvolksschule II: 769,
- Mädchenvolksschule I: 771,
- Mädchenvolksschule II: 848,
- Katholische Schule: 193,
- Hilfsschule: 81.[28]

Insgesamt besuchten 5.939 Schulkinder 1912 die Schule in Nordhausen.

Weiterhin gab es eine Gewerbliche und Kaufmännische Berufsschule ab 1902, eine Handelsschule, eine Höhere Handelsschule für Mädchen sowie eine Haushaltsschule. Aufgrund der Entwicklung der Schülerzahlen und der gestiegenen inhaltlichen Anforderungen war es notwendig, die Schulkapazität zu erweitern. Deshalb wurden folgende Schulgebäude von Anfang des 19. Jahrhunderts bis 1914 in Nordhausen neu gebaut und bezogen:

- 1835: Realschule in der Ritterstraße,
- 1840: Realschulgebäude am Töpfertor,
- 1841: Elementarschule,
- 1861: Höhere Töchterschule, später Königin-Luise-Schule, in der Blasiistraße,
- 1868: Gymnasium in der Predigerstraße,
- 1878: Volksschule am Taschenberg,
- 1885: Mittelschule in der Domstraße,
- 1900: Volksschule am Petersberg,
- 1905: Nordflügel der Volksschule an der Wiedigsburg,
- 1911: Südflügel der Volksschule an der Wiedigsburg.[29]

Mit diesen Schulbauten wurde die Grundstruktur für das Schulwesen in der Stadt geschaffen.

---

[28] Heineck 1927, S. 244
[29] Heineck 1927, S. 131, 134, 135, 262, 264, 266-268

6 Banken und Sparkassen in Nordhausen

Eine Voraussetzung für die erfolgreiche wirtschaftliche Entwicklung war und sind leistungsfähige Banken im Territorium. Im Jahr 1846 hatten in Nordhausen drei Bankgeschäfte ihren Sitz: N. M. Cohn, H. C. Plaut und H. C. Oppenheimer.[30] Sie waren vor allem Geldwechsler und Geldverwalter.

Die Finanzierung der Nordhäuser Industrie auf der Basis des in Nordhausen verfügbaren Kapitals war nicht ausreichend möglich. Zur Verbesserung der Kapitalbeschaffung wurde deshalb 1856 eine preußische Bankkommandite in Nordhausen errichtet. Das ist eine Bank, an der sich eine größere Bank durch Kapitaleinlage als Kommanditist beteiligt. Diese Nordhäuser Bankkommandite arbeitete nur für das Großgewerbe und wies schon im ersten Jahr einen Umsatz von 39.240.360 Mark aus. Im Jahr 1876 wurde daraus die Reichsbank. Hinzu kamen eine Kreissparkasse (1841) und eine Städtische Sparkasse (1874). Ende 1874 verfügte die Städtische Sparkasse über 663 Sparbücher mit Einlagen von 276.474 Mark.[31] Die Sparkassen waren vor allem für die kleineren Gewerbetreibenden tätig.

Später siedelten sich noch eine Genossenschaftsbank und eine Filiale der Thüringischen Bank an. Die Banken beteiligten sich z. B. an den Nordhäuser Aktiengesellschaften und an der Finanzierung des Eisenbahnbaus.

Nach den überhitzten Gründerjahren folgte ein „Börsenkrach", der auch in Nordhausen dazu führte, dass Unternehmen und Banken Geld verloren bzw. zusammenbrachen. So z. B. verlor C. A. Kneiff 310.000 Mark und die größte Nordhäuser Privatbank von N. M. Cohn brach zusammen. Dadurch entstand ein Verlust von etwa 3 Mio. Mark.

Anfang des 20. Jahrhunderts fand ein Konzentrationsprozess statt. 1905 wurden die Firmen Bach und Frenkel von dem Magdeburger Bankverein und 1906 die Nordhäuser Bank AG von der Mitteldeutschen Privatbank gekauft.[32]

---

[30] Propp 1935, S. 48
[31] Kuhlbrodt, Peter u. a.: Chronik der Stadt Nordhausen. Geiger, Horb am Neckar, 2003, S. 121
[32] Propp 1935, S. 50

7 Industrie und Unternehmen in Nordhausen
7.1 Einführung und Gewerbeausstellungen

Die Gewerbefreiheit, der Ausbau des Schienennetzes und der Straßen waren wichtige Voraussetzungen für die erfolgreiche wirtschaftliche Entwicklung der Stadt. Die Stadt unterstützte diese Entwicklung z. B. durch die Organisation und Durchführung von sieben Industrie- und Gewerbeausstellungen.

1. Nordhäuser Gewerbeausstellung 1852

Die erste Gewerbeausstellung der Stadt Nordhausen fand vom 3. bis 16. Oktober 1852 statt. Am 3. Oktober eröffnete Professor Kützing die Ausstellung im Gasthaus „Zur Hoffnung". Es wurden Produkte des heimischen Gewerbes, des Feld- und Gartenbaus sowie der Forstwirtschaft ausgestellt.[33]

2. Nordhäuser Kunst- und Gewerbeausstellung 1862

Diese Ausstellung wurde vom 18. Juli bis 17. August 1862 im Gießhaus der Maschinenfabrik von Gebhardt durchgeführt. Die Eröffnung fand am 18. Juli 1862 durch Herrn Krug, dem Vorsitzenden der Nordhäuser Stadtverordneten, statt. Sehr unterschiedliche Produkte wurden von einer Vielzahl von Ausstellern aus Nordhausen, Südthüringen und dem Harz ausgestellt. Es sollen etwa 1.000 Aussteller gewesen sein. Einige Beispiele für die ausgestellten Objekte sind: Landwirtschaftliche Maschinen, Filtrierapparate, Wurststopf- und Fleischhackmaschinen, Dampfkesselarmaturen, Turmuhren. Überraschend war die Vielfalt der ausgestellten Objekte. Brauereien und Brennereien waren nicht vertreten und von der Tabakindustrie stellte nur eine Nordhäuser Firma, die Firma Zerling und Overlach, ihr Zigarrensortiment aus.[34]

3. Nordhäuser Gewerbeausstellung 1875

Sie wurde am 04.09.1875 vom Verein für Kunst und Gewerbe in Ernsts Biergarten veranstaltet. Folgende Produkte wurden hauptsächlich ausgestellt:

o   gärtnerische Erzeugnisse von Herrmann Pressel, Carl Kaiser und Friedrich Peter sowie

---

[33] Kuhlbrodt u. a. 2003, S. 93
[34] Mirus, Adolf: Ein Besuch in der Industrieausstellung zu Nordhausen. Verlag G. Müller, Nordhausen, 1862

o Maschinenbauprodukte von Oscar Kropf, Carl und Hermann Günther sowie Carl Zimmermann.[35]

4. Nordhäuser Gewerbeausstellung 1880

Die vom 15. Juli bis 26. September 1880 durchgeführte Industrie- und Gewerbeausstellung war durch ein Komitee unter der Leitung des Oberbürgermeisters Riemann langfristig vorbereitet worden. Zur Aufgabenstellung wird im Katalog zur Gewerbeausstellung Folgendes ausgeführt: „Die in Nordhausen im Jahre 1880 zu veranstaltende Gewerbeausstellung stellt sich die Aufgabe, ein Gesamtbild der Gewerbetätigkeit Nordhausens und der angrenzenden Distrikte zu geben. Sie soll möglichst getreu und in würdiger Weise die mannigfachen Leistungen des Gewerbes, des Kunstgewerbes, des Handwerks, des Gartenbaus, der Land- und Forstwirtschaft, des Berg- und Hüttenwesens zur Anschauung bringen."[36]

Das Ausstellungsgelände am Geiersberg mit einer Fläche von 14.170 m² wurde neu erschlossen. Die Übersicht über das große Gelände und die Anordnung der Hallen gehen aus Bild 5 (Seite 25) hervor. Bild 6 (Seite 26) zeigt das Hauptgebäude und den vorderen Park der Ausstellung von 1880. Es gab etwa 800 Aussteller, die ihre Waren in folgenden Abteilungen präsentierten:

o Berg- und Hüttenwesen,
o Metallindustrie,
o Chemische Industrie,
o Textil- und Bekleidungsindustrie,
o Leder-, Industrie-, Kurz- und Galanteriewaren,
o Holzindustrie,
o Hauseinrichtungen und Bürstenwaren,
o Kutschwagen, Schlitten, Ackergeräte, Stellmacherarbeiten,
o Stein-, Glas- und Tonwaren,
o Papierindustrie, Buchbinderei und grafische Künste,
o Physikalische, musikalische, chemische Instrumente, Uhren,
o Nahrungs- und Genussmittel,

---

[35] Kuhlbrodt u. a. 2003, S. 107
[36] Katalog Gewerbeausstellung in Nordhausen 1880. Druck Theodor Müller, Nordhausen, 1880

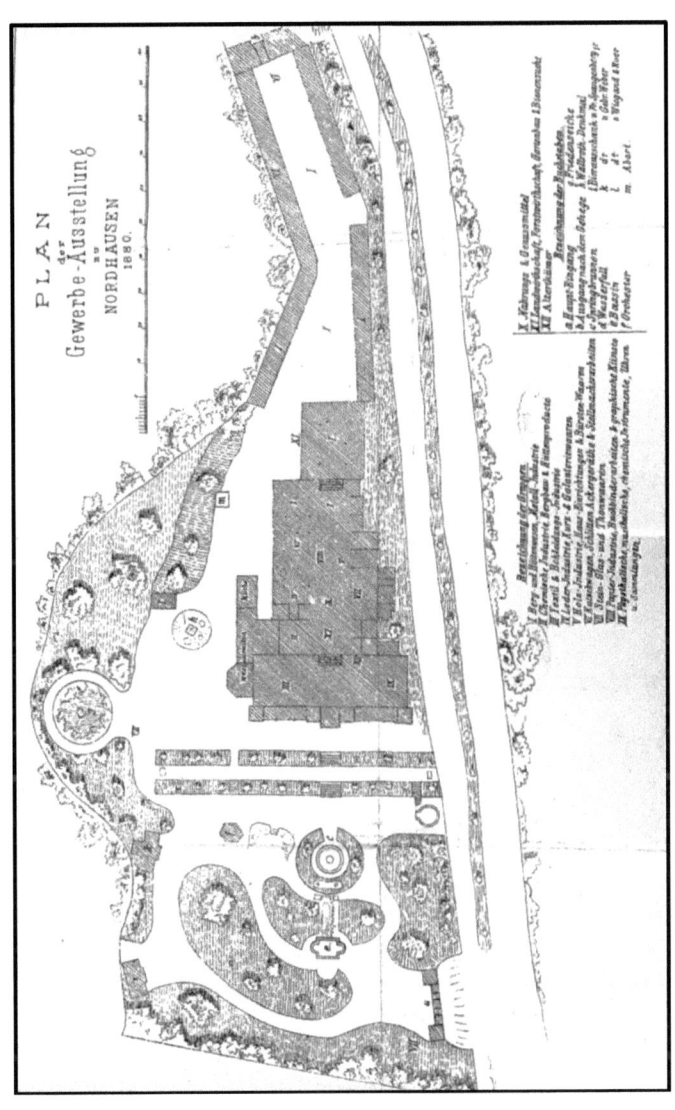

Bild 5: Plan der Gewerbeausstellung in Nordhausen 1880[37]

---

[37] Plan der Gewerbeausstellung in Nordhausen. Katalog Gewerbeausstellung in Nordhausen 1880, Druck Theodor Müller, Nordhausen,1880

- Land- und Forstwirtshaft,
- Gartenbau und Bienenzucht,
- Altertümer.[38]

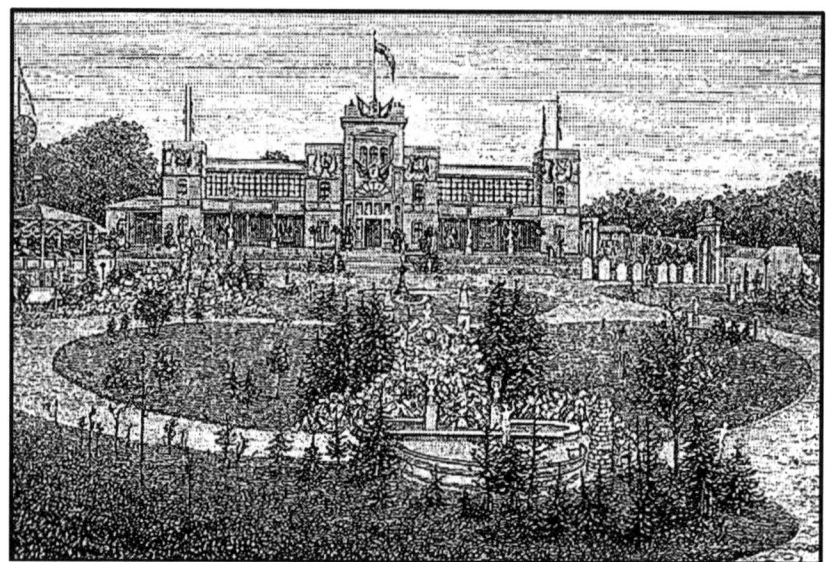

Bild 6: Hauptgebäude und vorderer Park der Nordhäuser
Gewerbeausstellung 1880[39]

- **Fleischerfachausstellung 1904**
Sie wurde vom 12. bis 17. Juli 1904 auf dem Gelände des
Turnplatzes der Petersbergschule veranstaltet.[40]
- **Kunst- und Gewerbeausstellung 1910**
Diese Ausstellung fand im November 1910 in der Gaststätte
„Hoffnung" in der Wallrothstraße statt.[40]
- **Nordhäuser Landwirtschaftliche Ausstellungstage 1911**
Vom 3. bis 7. Juli 1911 wurde eine landwirtschaftlich orientierte

---

[38] Katalog Gewerbeausstellung in Nordhausen 1880. Druck Theodor Müller, Nordhausen, 1880
[39] Hauptgebäude und vorderer Park der Nordhäuser Gewerbeausstellung 1880. Katalog Gewerbeausstellung in Nordhausen 1880, Druck Theodor Müller, Nordhausen, 1880
[40] Messetraditionen in Nordhausen. https://nordhausen-wiki.de/wiki/ Messetraditionen_in_Nordhausen, abgerufen am 24.04.2023

Ausstellung auf dem Gut der Familie Schreiber in Sundhausen durchgeführt.[40]

- **Gastwirtschaftliche Fach- und Kochkunstausstellung 1912**

Diese Ausstellung wurde in den Räumen der Gaststätte „Hoffnung" vom 19. bis 28. April 1912 veranstaltet.[40]

7.2 Übersicht zu Firmengründungen von Anfang des 19. Jahrhunderts bis 1914

Die Vielzahl der Firmengründungen und unternehmerischen Aktivitäten in der Stadt Nordhausen von Anfang des 19. Jahrhunderts bis 1914 gehen aus der Tabelle 3 (Seiten 28-30) hervor.

In dieser Zeitperiode hat sich der Maschinenbau von den bescheidenen Anfängen zu einem bedeutenden Industriezweig der Stadt entwickelt, während die Brauindustrie und die Branntweinindustrie an Bedeutung verloren haben.

Weiterhin finden in der Tabelle Informationen zur Entwicklung der traditionellen Branchen, wie z. B. der Tabakindustrie und der Branntweinindustrie, Berücksichtigung.

Viele Firmen modernisierten und vergrößerten ihre Produktions- und Fertigungsanlagen aufgrund der rasanten technischen Entwicklung und um die Wettbewerbsfähigkeit zu erhalten oder zu verbessern. Dazu war es oft erforderlich, die Produktions- und Verwaltungsgebäude an großflächigen Standorten neu aufzubauen. Dadurch vergrößerte sich auch das zu erschließende Stadtgebiet.

Das für die Modernisierung und Erweiterung der Produktion erforderliche Kapital haben sich die Firmen z. B. durch die Gründung einer Aktiengesellschaft oder die Einbindung eines kapitalkräftigen Geschäftspartners beschafft.

In Nordhausen wurden 17 Aktiengesellschaften in der Zeit von 1871 bis 1914 gegründet.[41]

---

[41] Mallis, Ullrich: Zur Geschichte der Nordhäuser Aktiengesellschaften. In: Beiträge zur Geschichte aus Stadt und Landkreis Nordhausen 40 (2015), S. 143-179

Jahr	Unternehmen	Bemerkungen
1817	Tabakfabrik G. A. Hanewacker wird gegründet, Rautenstraße 330	
1824	Gottlieb Schreiber errichtet eine Zichorienfabrik in der Stolberger Straße	1849: 40.000 Ztr. gedarrte Zichorie erzeugt
1824	Erbauung der Vereinsbrauerei auf dem Hagen, ab 1849 Spangenberg	
1827	Kneiffsche Tabakfabrik wird von Carl August Kneiff gegründet, Rautenstraße	
1827	J. Becker eröffnet eine Tapetenfabrik	
1832	Franz Quelle errichtet eine Kornbranntwein-Brennerei	
1839	Julius Fischer gründet eine Schlosserei	
1841	Oscar Kopf errichtet eine Kupfer- und Messingschmiede, Johannistreppe	
1843	Eröffnung der Tabakfabrik Salfeld & Stein	
1849	Tabakfabrik Grimm & Triepel (Zigarren, Rauch-, Kau- und Schnupftabak) wird eröffnet, Wassertreppe	1882: 200 Arbeiter 1899: 400 Arbeiter
1849	Gründung der Brauerei Spangenberg	
1851	Mechanische Weberei wird von G. F. Riemann aufgebaut, Kattunfabrik auf dem Hammer	1875 werden 500 mechanische Web-stühle betrieben
1857	Josef Seidel gründet die Kornbranntwein-Brennerei in der Grimmelallee 11	1907/1908 Neubau der Brennerei
1860	43 Brennereien, davon beginnen 4 Brennereien mit der Herstellung von Likören	4.000 Schweine, 1.200 Rinder von Schlempe gemästet
1863	Eisengießerei Raven & Weydemeyer, später Thelen & Weydemeyer, gegründet	1869: etwa 200 Mitarbeiter
1869	Nordhausen-Erfurter Eisenbahn-Gesellschaft eröffnet Bahnstrecke Nordhausen-Erfurt	
1870	50 Brennereien erzeugen 30 Mio. l Branntwein (50 % Alkohol)	
1871	Aktiengesellschaft für Tapetenfabrikation aus Beckerscher Tapetenfabrik gebildet	1875: 207 Arbeitskräfte
1872	Bildung der Harzer AG für Eisenbahn-bedarf, Hartguss und Brückenbau	Bahnbedarfsartikel, Dampfkessel
1873	Aktiengesellschaft für Fabrikation von Eismaschinen, Mineralwasser- u. sonst. techn. Apparate, vormals O. Kropff Nordhausen, gegründet	Mineralwasser-apparate, Kälte-maschinen

28

Jahr	Unternehmen	Bemerkungen
1880	Tabakindustrie beschäftigt 1.100 Arbeiter	
1881	Oscar Kropff führt patentierten Luftkühlapparat vor	Anwender: Brauereien und Schlachtbetriebe
1884	22 größere Industriebetriebe betreiben 55 Dampfmaschinen und 15 Gasmotoren	
1885	Firma Schmidt, Kranz & Co. wird auf der Basis der Konkursmasse von O. Kropff gegründet	Maschinen, z.B. Eismaschinen
1887	Aktiengesellschaft für Tapetenfabrikation, vormals Julius Becker, gebildet	180 Arbeiter, 20 Arbeiterinnen
1888	Brauereien Gebrüder Förstemann und August Schnause gründen die Nordhäuser Aktienbrauerei	Kapital beträgt 1905 1,25 Mio. Mark
1888/ 1889	Nordhäuser Maschinenfabrik und Eisengießerei Ludolf Graßmann eröffnet	85 Arbeiter, 9 h Arbeitszeit am Tag
1889	Schmidt, Kranz & Co. stellt Sicherheitsfahrstühle mit Aufzugsmaschinen her	85 Arbeiter
1891	Maschinenfabrik Julius Fischer baut Tapetendruckmaschinen für 20-Farben-Druck	
1891	75 Brennereien werden betrieben	
1892	Nordhäuser Gesundheitskaffee-Fabrik Krause & Co. AG gegründet	Malzkaffee
1893	Fabrikgebäude der Firma Gebrüder Kneiff brennen ab	
1894	Tabakfirma der Gebrüder Kneiff zieht in die neu erbauten Gebäude am Salzaer Weg ein	400 Fabrikarbeiter
1896	Nordhausen-Wernigeroder Eisenbahn-Gesellschaft wird gegründet	Bau und Betrieb der der Harzquerbahn
1897	Nordhäuser Aktien-Spritfabrik, vormals Lehner & Co., eröffnet	Feinsprit, Sprit für techn. Zwecke
1898	Schachtbauunternehmen Gebhardt & König gegründet	
1899	Deutsche Tiefbohr-AG Nordhausen, Fabrik in der Rothenburgstraße gebaut	Maschinenbau, Tiefbohrungen
1903	Tiefbau u. Kälte-Industrie AG, vormals Gebhardt & König, gebildet	Schachtbauten, Tiefbohrungen
1904	Bürgerliche Brauhaus Aktiengesellschaft Nordhausen gegründet	1914: 18.709 hl Bier werden erzeugt

Jahr	Unternehmen	Bemerkungen
1905	Nordhäuser Kaliwerke Aktiengesellschaft schließt erstes Geschäftsjahr ab	bei 366 m Tiefe salzfündig geworden
1905	Schmidt, Kranz & Co. Nordhäuser Maschinenfabrik AG gegründet	Bau von Aufzügen und Bergwerks- maschinen
1905	August König und Albert Gerlach gründen die Firma Gerlach & König	Fertigung von bautechnischen Geräten, 40 Arbeiter
1906	Nordhäuser Brauhaus Aktiengesellschaft gegründet	
1907	Firma von J.F. Riemann wird in Mechanische Webereien AG umgewandelt	Gründungskapital: 1,2 Mio. Mark
1907	657 Personen sind im Konfektions- gewerbe tätig	
1908	Firma Gerlach & König wird zur Maschinenfabrik Montania AG	Lokomotiven, Motoren
1911	Deutsche Schachtbau AG Nordhausen (DSAG) gebildet	Schachtbau, Tiefbohrungen
1911	Schürzenfabrik Bahlmann & Becker wird gegründet	
1911	Gummiwerke Nordhausen AG entsteht	Gummiwaren
1911	Firma Rolf & Friese nimmt Kraftdroschken-Verkehr auf	
1912	Maschinenfabrik Montania wird von Orenstein & Koppel gekauft, Goldmedaille für Lokomotive zur Weltausstellung in Gent 1913	Grubenlokomotiven, Bergbaugeräte für Kaliindustrie, Rohöl- und Gasmotoren
1913	278 Näherinnen sind als Heim- arbeiterinnen tätig	

Tabelle 3: Unternehmerische Aktivitäten in der Stadt Nordhausen von 1817 bis 1913[42,43,44]

---

[42] Mallis 2015, S. 148-179
[43] Kuhlbrodt u. a. 2003, S. 105-222
[44] Heineck 1927, S. 131-136, S. 260-269

7.3 Brauindustrie

Die Herstellung von Bier hat in Nordhausen eine lange Tradition. Im Jahr 1350 soll es 604 Häuser gegeben haben, von denen 253 Häuser ein Braurecht besaßen. Bis zum Ende des 16. Jahrhunderts gab es etwa 200 bis 250 brauberechtigte Höfe. Es wurde hauptsächlich ein Braunbier aus Gerste hergestellt, das zum Alltagsgetränk geworden war. Es hatte einen geringen Alkoholgehalt, war gut verträglich und nährreich. Bereits im Mittelalter war die Bierbrauerei eine wichtige Quelle des Reichtums der Stadt. In den folgenden Jahrhunderten ging die Zahl der Brauereien aus wirtschaftlichen Gründen kontinuierlich zurück. Mitte des 19. Jahrhunderts gab es wieder einen Aufschwung im Brauereigewerbe. Die Ursachen waren der Übergang vom Braunbier zum Lagerbier und die Erweiterung des Absatzgebietes. Als Lagerbier bezeichnet man ein Bier, das bei niedriger Temperatur gebraut und gelagert wird. Lagerbiere sind vor allem Helles, Pils, Bock, Märzen und Schwarzbier. Der Alkoholgehalt liegt zwischen 3,5 und 5,5 Vol.-%.[45,46]

Ein einfaches Schema (Bild 7, Seite 32) veranschaulicht die Bierherstellung um 1870. Die wichtigsten Prozessschritte sind:

- Malzbereitung: Gerste-Silo, Weichstock, Malztenne, Darre, Schrotmühle,
- Maischen: Maischbottich, Maischpfanne, Läuterbottich,
- Würzen: Würzpfanne, Kühlschiff,
- Gären: Gärbottich,
- Lagern und Abfüllen.

Die Errungenschaften der industriellen Revolution hatten einen starken Einfluss auf die Entwicklung der Bierbrauereien. Louis Pasteur fand um 1860 heraus, dass es zwei Hefen gibt, ober- und untergärige. Beide Hefen vergären den Zucker unterschiedlich und erzeugen unterschiedliche Nebenprodukte. Am Ende des Gärungsprozesses steigt die obergärige Hefe nach oben und die untergärige Hefe sinkt zum Boden.

---

[45] Heineck 1927, S. 154, 227
[46] Werther, Hans-Dieter/Schierholz, Paul-Ludwig/Iffland, Steffen: 500 Jahre Nordhäuser Brennereitradition 1507-2007. Verlag Iffland, Nordhausen-Salza, 2007, S. 37-39

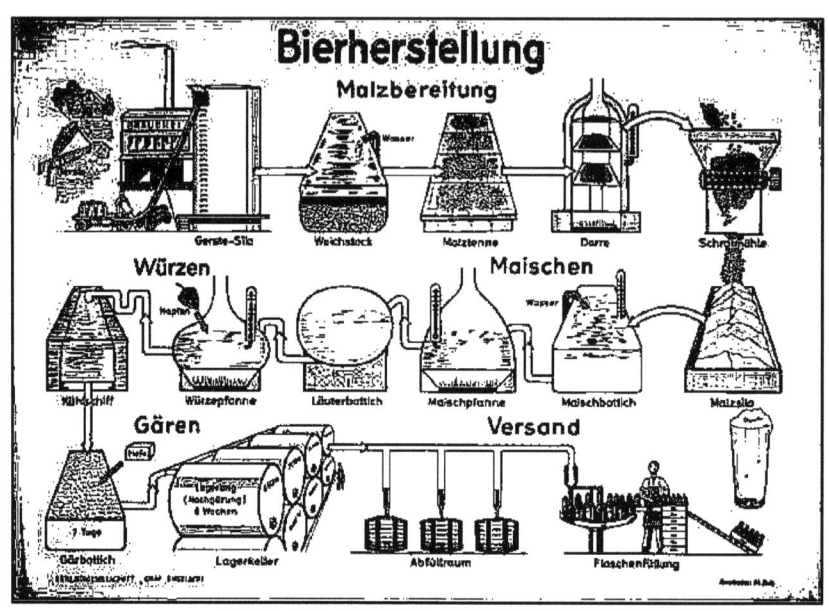

Bild 7: Bierherstellung im 19. Jahrhundert[47]

Durch die Erfindung der Kältemaschine von Carl von Linde 1873 wurde es möglich, untergäriges Bier, das vor allem bei der Gärung und Lagerung eine Temperatur von 4 °C bis 11 °C erfordert, im Sommer ohne Natureis herzustellen und zu lagern. Die Mess- und Analysemethoden wurden verbessert. Es fand der Übergang von der handwerklich geprägten zur industriellen Brauerei statt. Es entstand die Brauwissenschaft. Als Folge der Entwicklung verringerte sich die Zahl der Brauereien, wobei jedoch die erzeugte Biermenge je Brauerei erhöht wurde. Weiterhin konnte durch die verbesserten Messmethoden und effektiveren Analysenverfahren eine gleichbleibende Qualität der Biere gewährleistet werden. Der Wegfall von Zollschranken und der Ausbau der Verkehrswege haben es ermöglicht, schnell neue Absatzgebiete zu erschließen.

---

[47] Bierherstellung. https://dokbase.digicult-museen.net/eingabe/ bilder/data/600/913/2007SSM1629_9.jpg, abgerufen am 01.02.2023

Um 1870 erzeugten in Nordhausen 18 Brauereien ca. 77.695 hl Bier. Das Absatzgebiet umfasste Nordhausen und ein Gebiet im Umkreis von etwa 10 Meilen (etwa 75 km). Eine Menge von ca. 10.000 hl wurde sogar nach Amerika, China und Australien verkauft.[48]

Folgende Brauereien gab es in der 2. Hälfte des 19. Jahrhunderts in Nordhausen:

- Barfüßer Brauerei / Bergbrauerei, Altendorf 1,
- Frauenberger Klosterbrauerei, ab 1904 Bürgerliches Brauhaus,
- Brauerei Gaumer, Neue Str. 1,
- Brauerei Hafermalz, Bäckerstraße 4,
- Brauerei Gebr. Kunze, Kranichstraße 15,
- Brauerei Menke, Altendorf 22,
- Nordhäuser Aktienbrauerei (ehemaliges Gosehaus)
  - Abt. Förstemann, Vor dem Vogel 1,
  - Abt. Spangenberg, Vor dem Hagentore 1,
- Brauerei Witwe Röder, Engelsburg 6.[49]

Die Zahl der Brauereien verringerte sich bis 1912 auf 10, diese erzeugten jedoch etwa 84.000 hl/a.[50] Es gab eine starke Konkurrenz durch Großbrauereien außerhalb von Nordhausen. Einige Brauereien, die im 19. Jahrhundert gegründet wurden, werden nachstehend näher betrachtet. Die Bürgerliche Brauhaus AG (Bild 8, Seite 34) wurde 1904 gegründet und befand sich in der Halleschen Straße. Sie ging aus der Frauenberger Klosterbrauerei von Wilhelm Loeschigk hervor, die 1871 durch den Bierbrauer August Wilke gegründet worden war. Das Bürgerliche Brauhaus hatte Niederlassungen in Sondershausen, Sollstedt, Sanger-hausen, Ellrich, Bleicherode, Stolberg und Roßla.[51] Das Brauhaus wurde im 2. Weltkrieg durch die Bombardements zerstört und wieder aufgebaut. Aus der Aktiengesellschaft wurde 1953 die Rolandbräu KG Gecius & König. Im Jahr 1972 erfolgte die Enteignung und es entstand der VEB Roland-Bräu. Nach der

---

[48] Propp 1935, S. 89
[49] Werther/Schierholz/Iffland 2007, S. 39-40
[50] Propp 1935, S. 70-71
[51] Mallis 2015, S. 149

Wende (1990) wurde die Firma privatisiert. Im Jahr 1992 übernahm die Familie Biermann die Brauerei. Diese mussten sie jedoch 1997 wegen Insolvenz schließen.

Bild 8: Bürgerliches Brauhaus um 1915[52]

Eine weitere bedeutende Gründung war die Gründung der Nordhäuser Aktienbrauerei durch die Brauereien Gebrüder Förstemann, August Schnause und das „Feldschlößchen" im Jahr 1888. Das Städtische Gosebrauhaus (1729 gegründet), die Brauerei Friedrich Spangenberg (1849 gegründet) und die Dombrauerei Gebr. Kuntze wurden im Jahr 1895 erworben. Der Sitz der AG befand sich Vor dem Vogel 13. Der Vertrieb erfolgte über Bierniederlagen, wie z. B. in Ellrich, Bad Lauterberg, Herzberg, Roßla. Benneckenstein, Osterode, Großbodungen und Stolberg. Die wichtigsten Etappen der weiteren Entwicklung waren:

- 1954: „Nordquell-Brauerei" Heinrich Pistorius KG,
- 1973: Enteignung und Umbenennung zum VEB „Nordquell",
- 1974: Eingliederung in den VEB Roland-Bräu als Betriebsteil,

---

[52] Werther/Schierholz/Iffland 2007, S. 41

- 1990: Betriebsteil Nordquell Brauerei wurde geschlossen.[53]

In der um 1850 gegründeten Bergbrauerei stellte ab 1853 der Kaufmann Louis Weineck Lagerbier her und betrieb dort die Gaststätte „Zum Bräustüble". Um 1910 erwarb Matthias Bideau, der damalige Direktor der Brauerei, die Brauerei. Es wurden Pilsener, Lager-, Export- und Weizenbier erzeugt. Die Bierherstellung wurde um 1914 eingestellt.[54] Bild 9 zeigt die Gebäude der Brauerei nach 1912.

Bild 9: Bergbrauerei Nordhausen nach 1912[55]

Den Bierverlag und den Getränkehandel betrieb die Familie Bideau bis 1993.[56] Im Jahr 1994 wurde die Hofanlage modernisiert. Heute, im Jahr 2024, befinden sich in der Hofanlage Altendorf 1 eine Gaststätte, Wohnungen und ein Frisör.
Nordhausen verfügt im Jahr 2024 über keine Brauerei mehr. Seit 2013 gibt es im etwa 20 km entfernten Sophienhof einen Braugasthof, der naturtrübe Biere herstellt.

---

[53] Mallis 2015, S. 149
[54] Bergbrauerei Bideau, https://nordhausen-wiki.de/wiki/Bergbrauerei_Bideau, abgerufen 22.02.2025
[55] Werther/Schierholz/Iffland 2007, S. 7
[56] Bergbrauerei Bideau. https://nordhausen-wiki.de/wiki/Bergbrauerei_Bideau, abgerufen am 22.01.2025

7.4 Branntweinherstellung

7.4.1 Entwicklung in Nordhausen

Die erste urkundliche Erwähnung des Branntweins in Nordhausen geht aus einer Notiz im Ratsregister der Kaiserlichen Freien Reichsstadt Nordhausen vom 23.12.1507 hervor. Damals hat der Rat der Reichsstadt Nordhausen dem Branntwein einen sogenannten „Bornewyns-Zins" auferlegt.[57] Dabei kann sich dieser Zins sowohl auf die Abgabe als auch auf die Herstellung von Branntwein bezogen haben. Bis in das 16. Jahrhundert waren sowohl Weintrauben als auch zuckerhaltige Früchte die Ausgangs-produkte für die Herstellung von Branntwein. Im 16. Jahrhundert wurde in Nordhausen noch umfangreicher Weinanbau betrieben. Mit dem Ende der Warmzeit und dem Niedergang der Klöster ging auch der Weinanbau zurück.[58] Die Herstellung von Branntwein erforderte nicht nur Kenntnisse über die Gärung, sondern auch über die Destillation zur Konzentration des Alkohols und zum Abtrennen unerwünschter Produkte der Gärung.

Erst ab 1750 wurde die gewerbsmäßige Branntweinherstellung auf der Basis von Getreide aus der Goldenen Aue, vor allem Roggen und Gerste, durch den Rat der Stadt unterstützt. Sie entwickelte sich zum wichtigsten Wirtschaftszweig der Stadt.[59] Im Jahr 1789 hat man in einer Verordnung bezüglich des Brennens von Branntwein festgelegt, dass zwei Drittel Roggen und ein Drittel Gerste oder Malz zum Brennen einzusetzen sind. Man nennt diese Verordnung auch Erstes Nordhäuser Reinheitsgebot.[60] Die nach der Destillation verbleibende Schlempe ist ein eiweißreiches Viehfutter, das zur Mast von Schweinen und Rindern benutzt wurde. Für einige Brennereien war in Krisenzeiten die Mast von großer wirtschaftlicher Bedeutung. Zu Beginn des 19. Jahrhunderts erlebte die Branntweinindustrie einen starken

---

[57] Meyer, Karl: Geschichte des Nordhäuser Branntweins. Selbstverlag des Verfassers, Nordhausen, 1907, S. 3

[58] Werther, Hans-Dieter: Über 500 Jahre „Nordhäuser Brannntewien". In: Zur Industriegeschichte im Südharz. Luka Verlag, Berlin und Wernigerode, 2016, S. 62

[59] Propp 1935, S. 28

[60] Nordhäuser Korn. https://de.wikipedia.org/wiki/Nordh%C3%A4user_Korn, abgerufen am 16.01.2023

Aufschwung. Von 1806 bis 1815 stieg die erzeugte Brannt-weinmenge von 3,7 Mio. l auf 8,0 Mio. l, wobei der Alkoholgehalt 50 % betrug. Die Ursachen für diese positive Entwicklung waren die Standortvorzüge Nordhausens. Kammerreferendar Piautaz[61] nannte als Standortvorzüge vor allem den Getreideüberschuss der Goldenen Aue und die unbeschränkte Holzzufuhr aus dem Harz. Allerdings sank die Produktionsmenge von 1815 bis 1823 auf 5,03 Millionen Liter.[62] Um 1820 gab es in Nordhausen 70 Brennereien, welche über 280 Arbeitsplätze verfügten. Für den Aufbau und die Betreuung der Brennanlagen waren etwa 10 Kupferschmiede tätig. Die Bereitstellung und Reparatur der Branntweinfässer realisierten 35 Böttchereien.[63]

Die Produktion und der Absatz von Branntwein wurden nach der Bildung des Zollvereins 1834 gesteigert, weil neue Absatzgebiete durch den Wegfall von Zollschranken erschlossen werden konnten. Auf Grund der Produktionssteigerung fiel auch mehr Schlempe an, sodass es möglich war, 30.000 Schweine und 6.000 Ochsen im Jahr zu mästen.[64] Die Zahl und Größe der Brennereien im Jahr 1837, dargestellt anhand der Steuern, zeigt Tabelle 4.

Anzahl der Brennereien	Steuern in Mark
9	über 15.000
57	3.000-15.000
1	1.500-3.000
4	150-1.500

Tabelle 4: Anzahl und Steuern der Nordhäuser Brennereien 1837[65]

Daraus geht hervor, dass es in Nordhausen nur 9 größere Brennereien gab. Sie waren aber nicht mehr die größten in der Provinz Sachsen, das war nachteilig für die Wettbewerbsfähigkeit.

---

[61] Propp 1935, S. 52
[62] Propp 1935, S. 54
[63] Müller, Thomas/Veit, Markus/Stanislowski, Günther: 500 Jahre Nordhäuser Korn. Atelier Veit, Nordhausen, 2007, S. 36
[64] Müller/Veit/Stanislowski 2007, S. 50
[65] Propp 1935, S. 58

37

Anfang des 19. Jahrhunderts entstand eine Konkurrenz in Form des billigeren Kartoffelsprits, der vor allem von landwirtschaftlichen Brennereien hergestellt wurde. Um 1828 wird der Kartoffelsprit in einem Bericht des Hauptsteueramtes Nordhausen erstmalig erwähnt. Die niedrigeren Kosten und die höhere Alkoholausbeute bei der Herstellung von Kartoffelsprit führten zu einem steigenden Absatz von Kartoffelsprit zulasten des Nordhäuser Korns. Zunächst versuchten die Brennherren die Qualität des Nordhäuser Korns beizubehalten und die Absatzprobleme durch Markterweiterung zu beheben.

Die Brennherren Christian Beltz und Karl Wehner führten wahrscheinlich im Jahr 1842 gereinigten Kartoffelsprit nach Nordhausen ein.[66] Er wurde wegen der Absatzschwierigkeiten zunehmend dem Getreidebranntwein zugemischt. Dadurch war der Branntwein billiger, aber die Qualität verschlechterte sich. Die Folge war, dass der Absatz des Nordhäuser Getreidekorns weiter zurückging. Aufgrund dessen verringerte sich wiederum der Getreideverbrauch (siehe Tabelle 5).

Jahr	Scheffel Getreide	Anteil in %
1837-1846	402.000	100
1847-1856	301.000	75
1857-1866	266.000	66
1867-1871	135.800	38

Tabelle 5: Rückgang des Getreideverbrauchs der Nordhäuser Brennereien von 1837 bis 1871[67]

Der Kartoffelsprit wurde nicht in Nordhausen hergestellt, sondern nur gereinigt. Die Nordhäuser Aktien-Spritfabrik und die Spritfabrik Sturm & Co. bereiteten den Kartoffelsprit zu Primasprit auf. Im Jahr 1846 wurden in Nordhausen ca. 10 Mio. l Branntwein produziert, wobei der Anteil an Kartoffelsprit etwa 3,2 Mio. l betrug.[68] Die Tabelle 6 (Seite 39) gibt einen Überblick über die Entwicklung

---

[66] Kuhlbrodt u. a. 2003, S. 73
[67] Propp 1935, S. 58
[68] Müller/Veit/Stanislowski 2007, S. 39

der Branntweinherstellung von 1838 bis 1870. Die Zahl der Brennereien ging zurück, aber die erzeugte Menge an Branntwein erhöhte sich. Die Rohstoffgrundlage war vor allem der Kartoffelsprit geworden. Das Brennen von Getreide fand zu dieser Zeit nur noch im geringen Umfang statt.

Jahr	Anzahl der Betriebe	Erzeugter Branntwein (50 % Alkohol) in l
1838	76	9.600.000
1850	68	14.800.000
1860	50	18.800.000
1870	50	30.000.000

Tabelle 6: Entwicklung der Branntweinindustrie
von 1838 bis 1870 in Nordhausen[69]

Mit der Veränderung der Fabrikationsweise fiel weniger Schlempe an, deshalb wurde die Viehmast um 1870 völlig eingestellt und die verbliebene Schlempe an Landwirte abgegeben.
Die Kornbrennerei erlebte von 1871 bis 1875 einen erneuten Aufschwung. Es entstanden 13 neue Brennereien. Die Branntweinproduktion stieg von 30 Mio. l 1870 auf 45 Mio. l 1876, wobei der Alkoholgehalt 48-50 % betrug.[70] Dem starken Rückgang der eigenen Alkoholproduktion in den Kornbrennereien steht eine zunehmende Verarbeitung von Kartoffelsprit gegenüber. 1886 wurden ca. 20-25 Mio. l r. A. (Liter reinen Alkohol) Branntwein von 73 Brennereien hergestellt.[71]
Das Reichsgesetz über die Branntweinsteuer in Deutschland trat im Juni 1887 in Kraft. Die daraus resultierende steuerliche Belastung und die Verschlechterung der wirtschaftlichen Situation führten dazu, dass die gesamte Trinkbranntweinherstellung rückläufig war.
Mit Beginn des 20. Jahrhunderts ist eine verstärkte Konzentration und Monopolisierung der Branntweinindustrie in Deutschland zu

---

[69] Propp 1935, S. 60
[70] Propp 1935, S. 80
[71] Müller/Veit/Stanislowski 2007, S. 50

39

verzeichnen.

Sechsundsechzig Nordhäuser Branntweinfabrikanten schlossen sich 1904 zur „Vereinigung Nordhäuser Branntweinfabrikanten e. V." zusammen. Dadurch sollte vor allem ein gemeinsames Vorgehen gegenüber der Konkurrenz erreicht werden. Im Jahr 1904 wurden ca. 7,8 Mio. l r. A. Branntwein hergestellt. Der Anteil an Kornbranntwein betrug aber nur 3 Mio. l r. A..[72] Die Branntweinproduktion im Zeitraum 1913/1914 belief sich auf 5,8 Mio. l r. A.. Sie ist also seit 1886 stark gesunken, denn damals lag die Produktion zwischen 20-25 Mio. l r. A.. Im Jahr 1914 gab es noch 72 Brennereien, davon produzierten nur 4 in einem industriell geprägten Umfang.[73]

Die über Jahrhunderte erfolgreiche Entwicklung der Branntweinindustrie Nordhausens hat auch dazu geführt, dass das Mühlengewerbe, die Böttcherei, der Getreidehandel und das Fuhrgewerbe über einen langen Zeitraum eine positive wirtschaftliche Entwicklung zu verzeichnen hatten. Die Branntweinindustrie hatte ebenfalls große Bedeutung für die Entwicklung der Stadt. Sie sicherte Arbeitsplätze und zahlte erhebliche Steuern, sodass die Stadt eine moderne Infrastruktur aufbauen konnte.

Einige Brennereibesitzer engagierten sich darüber hinaus durch Spenden und vielfältige ehrenamtliche Aktivitäten für die Entwicklung der Stadt, so z. B. Hermann Arnold (1831 bis 1909). Er war Brennereibesitzer und setzte sich stark für den Aufbau des städtischen Museums ein. Nach dem Tod vermachte er der Stadt seine Kunstsammlung und ein Barvermögen von 1,5 Millionen Mark. Die Zinsen sollten zur Finanzierung des Museums, des Archivs und der Bibliothek genutzt werden. Mithilfe dieses Vermögens wurde das „Arnoldheim" für alte und kranke Bürger im Jahr 1913 erbaut. Außerdem vererbte er sein Wohnhaus der Stadt, die es bis 1945 als Dienstwohnung für den Oberbürgermeister nutzte.[74]

Die Bedeutung der Branntweinbrennerei für Nordhausen charakterisiert Karl Meyer 1907 zusammenfassend wie folgt:

---

[72] Müller/Veit/Stanislowski 2007, S. 49
[73] Müller/Veit/Stanislowski 2007, S. 50
[74] Hermann Arnold. https://nordhausen-wiki.de/wiki/Hermann_Arnold, abgerufen am 04.06.2024

„Die Branntweinbrennerei ist in Nordhausen unstrittig das Gewerbe, welchem die Stadt einzig und allein ihren Wohlstand und man kann füglich sagen, ihre Existenz als Stadt zu verdanken hat."[75]

7.4.2 Entwicklung der Technologie und der Technik zur Erzeugung von Korn

Etwa um das Jahr 1000 begann man in Apotheken und Klöstern, vor allem in Italien, mit der Herstellung von Alkohol. Er diente zunächst ausschließlich medizinischen Zwecken. Die erste dokumentierte Weindestillation gelang Magister Salernus um 1167 an der Hochschule in Salerno.[76]

Der aus Wein gewonnene Alkohol verbreitete sich in Europa ab dem frühen 13. Jahrhundert schnell, da er keimtötende, konservierende und berauschende Wirkungen hatte.

Nachdem der Bischof Albertus Magnus (um 1200 bis 1290) die Brennblase erfunden hatte, fand die einfache Blasendestillation schon im 12. und 13. Jahrhundert breite Anwendung. Bild 10 (Seite 42) zeigt ein einfaches Blasendestilliergerät, das schon im Mittelalter angewendet wurde. Die Blase A wird mit Maische über die Öffnung a befüllt und erhitzt. Die durch die Erhitzung entstehenden Dämpfe strömen über den Helm B in die Kühlschlange, die sich im Kühlfass D befindet. Der Zufluss des kalten Kühlwassers in das Kühlfass erfolgt von unten und das warme Wasser fließt oben aus dem Kühlfass heraus. In der Kühlschlange kondensiert der im Dampf enthaltene Alkohol. Das Kondensat wird in Vorlagen zeitlich gestaffelt gesammelt. Je nach gewünschtem Alkoholgehalt kann man die kondensierten Produkte nochmals einer Blasendestillation unterziehen.[77]

[75] Aus der 400-jährigen Geschichte des Nordhäuser Kornbranntweins. Zitat von Karl Meyer. https://nordhausen-wiki.de/wiki/Aus_der_400-j%C3%A4hrigen_Geschichte _des_Nordh%C3%A4user_Kornbranntweins, abgerufen am 27.05.2024

[76] Spirituosenwissen. https://www.spirituosen-verband.de/spirituosenwissen, abgerufen am 16.02.2023

[77] Nehbel, Harald: Über den Bau und die Bedienung von Destillier- und Rektifizierapparaten für alkoholhaltige Maischen. Verlag von Maetzig & Co. G.m.b.H., Berlin, 1927, S. 4

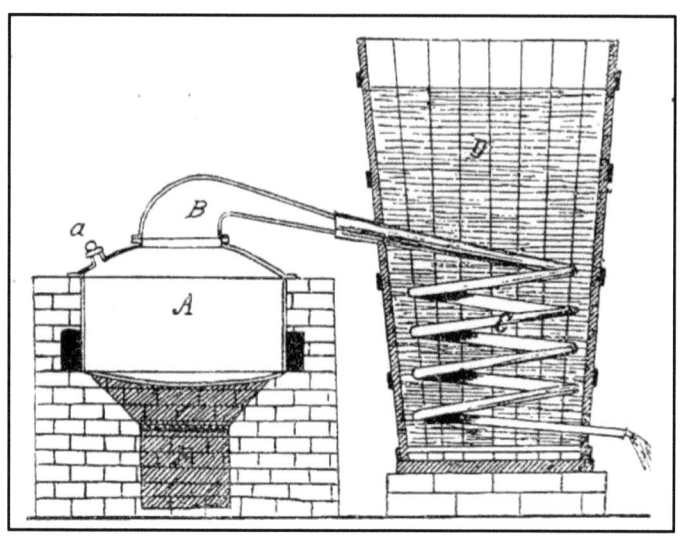

Bild 10: Einfacher Blasendestillierapparat[78]

Die Entwicklung der Destillation in der Branntweinindustrie kann in folgende Entwicklungsstufen eingeteilt werden:

- einfache Destillierapparate,
- Anwendung der Vorwärmung, der Dephlegmation und der Rektifikation,
- Destillierapparate mit mehreren Blasen,
- Anwendung des Wasserdampfes zur Destillation,
- kontinuierliche Destillation.[79]

Guten Aufschluss über den Brennereibetrieb um 1830 in Preußen gibt der Bericht von Heinrich Förster in dem Buch „Praktische Anleitung zur Kenntnis der Gesetzgebung über Besteuerung des Branntweins und des Braumalzes in den Königlichen Preußischen Staaten".[80] Der Brennvorgang wird detailliert beschrieben. Einsatzprodukte waren Roggenschrot und Malzschrot. Zum Anstellen wurden obergärige Bierhefen oder trockene Hefen aus

[78] Nehbel 1927, S. 4
[79] Maercker, Max: Handbuch der Spirituosenfabrikation. Verlagsbuch- handlung Paul Parey, Berlin, 1898, S. 599
[80] Heineck 1927, S. 100-101

Holland und Frankreich verwendet. Geheizt wurde mit Holz aus dem Harz. Die meisten Brennereien arbeiteten mit zwei Blasen. Die Größe der Blasen lag z. B. bei 800 l bis 900 l. Die Destillation der durch Gärung entstandenen Maische wurde in 2 Stufen durchgeführt. Nach der ersten Destillation entstand der Rauhbrand mit 20-25 % Alkoholgehalt und in der zweiten Destillation wurde auf 52-55 % Alkohol konzentriert.[80]

Mit dem Destillierapparat von Pistorius (Bild 11) wurde ein großer technologischer Fortschritt erreicht.

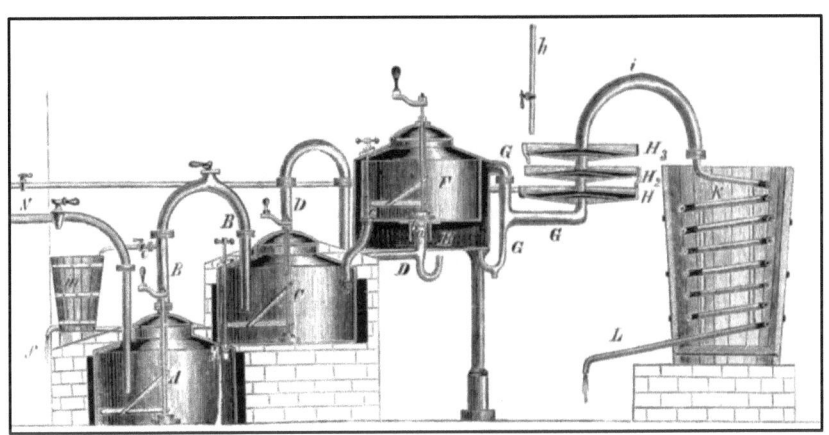

Bild 11: Schnitt durch den Destillierapparat von Pistorius[81]

Der Apparat war von Heinrich Leberecht Pistorius in Weißensee für die Herstellung von Schnaps aus Kartoffeln entwickelt worden. Im Jahr 1817 erhielt er dafür ein Patent. Der Pistoriusapparat bestand im Wesentlichen aus zwei Blasen (A und C), dem Vorwärmer (F) in Kombination mit einem Rektifikator (E), drei Dephlegmatoren (H), die rektifizierend wirkten, und einem Kühler (K). Mit diesem Apparat waren die kontinuierliche Verarbeitung dicker Maischen und die Erzeugung eines reinen Produktes preisgünstig möglich.[82] Obwohl die erste Kartoffelbrennerei in Deutschland 1750 in der Pfalz betrieben worden war, fand sie erst

---

[81] Maercker 1898, S. 613, Fig. 162
[82] Maercker 1898, S. 12-13

43

ab 1810, nachdem das Brennen allgemein freigegeben war, breite Anwendung. So soll es 1831 in Preußen etwa 17.000 Kartoffel-brennereien gegeben haben.[83] Zu dieser Entwicklung hat der Apparat von Pistorius wesentlich beigetragen.

Zur Ermittlung des Alkoholgehaltes in Wasser-Alkohol-Gemischen wurden Alkoholmeter eingesetzt. Damit wird die Dichte gemessen. Aus der Eintauchtiefe des Alkoholmeters ergibt sich die Dichte, die dann in den Alkoholgehalt der Mischung umgerechnet wird.

Den Fortschritt auf dem Gebiet der Messtechnik verdeutlicht der Alkoholmessapparat von Siemens und Halske (Bild 12) aus dem Jahr 1868.

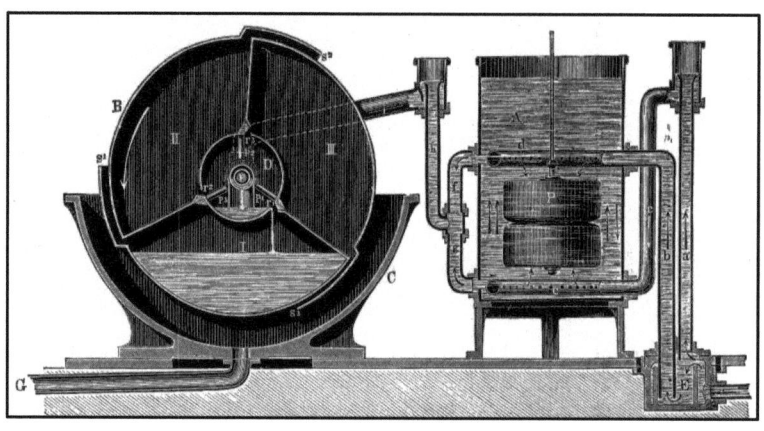

Bild 12: Alkoholmessapparat von Siemens und Halske[84]

Er wurde benutzt, um zu ermitteln, wie viel Alkohol seit einer letzten Beobachtung durch ihn geflossen ist (Trommelzähler) und wie viel absoluter Alkohol in diesem enthalten war (speziell konstruiertes Alkoholmeter).[84]

Im Jahr 1850 wurde damit begonnen, die Blasenbefeuerung mittels Unterfeuer durch eine Dampfkesselfeuerungsanlage, z. B.

[83] Spirituosenwissen. https://www.spirituosen-verband.de/spirituosenwissen, abgerufen am 16.02.2023

[84] Siemens, Werner: Alkohol-Meßapparat von Siemens und Halske in Berlin. In: Polytechnisches Journal, Band 187, Jahrgang 1868, Nr. LXIX., S. 295

mit einer Leistung von 4 PS, zu ersetzen.

Innerhalb von 10 Jahren übernahmen 10 Brennereien die Dampf-kesselbefeuerung.[85] Im Jahr 1880 arbeiteten 12 Brennereien mit Dampfkraft, 4 nutzten Gasmotoren und eine Brennerei wendete die Wasserkraft an.[86]

Etwa ab 1850 wurde statt des teurer gewordenen Holzes Steinkohle aus dem Südharz und nach Anbindung von Nordhausen an das Eisenbahnnetz, nach 1866, hochwertige Steinkohle aus anderen Regionen Deutschlands als Heizmaterial verwendet.

Die Brennblasen wurden aus Kupfer hergestellt, da sich Kupfer leicht bearbeiten lässt und ein sehr guter Wärmeleiter ist. Kupfer hat auch eine große Affinität zu Schwefelverbindungen. Das führt dazu, dass Schwefelverbindungen, z. B. Dimethyltrisulfid, mit Kupfer zu Kupfersulfiden reagieren und diese sich an der Innenseite der Blase ablagern. Somit bewirkt Kupfer durch die Reduzierung schädlicher Schwefelverbindungen auch eine Qualitätsverbesserung des Alkohols. Weiterhin unterstützt Kupfer die Bildung von Estern, die der Spirituose einen fruchtigen Geschmack geben.

Aufgrund des Konkurrenzdruckes in verschiedenen Perioden des 19. Jahrhunderts suchte man nach Möglichkeiten, den Branntwein preisgünstiger herzustellen. Eine Möglichkeit war die Zumischung von Kartoffelbranntwein zum Kornbranntwein. Sie führte zu einer wesentlichen Verschlechterung der Qualität des Branntweins, da der Kartoffelbranntwein einen höheren Gehalt an Fuselöl hatte. Fuselöl wirkt sich auf den Geruch, den Geschmack und auf die Gesundheit nachteilig aus. Deshalb nutzten um 1856 einige Brennereien zur Zumischung einen Sprit, der aus Melasse, einem Abfallprodukt der Zuckerherstellung aus Zuckerrüben, hergestellt worden war. Dadurch konnten die Qualität wieder verbessert und die Produktion gesteigert werden.

Einige Brennereien, wie z. B. die Brennerei von Karl Heinrich Förstemann, haben als Nebenerwerb Presshefe auch für andere Alkoholproduzenten hergestellt und verkauft. Mit der Likör-

---

[85] Müller/Veit/Stanislowski 2007, S. 39
[86] Müller/Veit/Stanislowski 2007, S. 45

herstellung wurde nach 1860 von 4 Brennereien begonnen. In dieser Zeit erfand man in Nordhausen auch die Kornwürze. Dabei handelte es sich um Geschmacksträger, die dem Geschmack des Kornbranntweins ähnlich waren. Somit war es möglich, durch Vermischung von etwas Korn, Feinsprit und Kornwürze einen Nordhäuser Branntwein billig herzustellen.

Die wichtigsten Veränderungen in der Brennereiindustrie im 19. Jahrhundert, insbesondere in Nordhausen, kann man wie folgt zusammenfassen:

- Umstellung von direkter Befeuerung der Blasen auf Dampfbeheizung in der Zeit ab 1847,
- Einsatz des Destillierapparates von Pistorius,
- Vergrößerung der Brennblasen,
- Verbesserung der Destillations- und der Messtechnik,
- Verbesserung der Rezepturen, z. B. Einsatz dicker Maischen,
- Erweiterung der Absatzgebiete durch Nutzung der Eisenbahn ab 1866.

Aufgrund von Absatzschwierigkeiten wurden zeitweise folgende Maßnahmen zur Kostenreduzierung realisiert:

- Einsatz von Kartoffelsprit als kostengünstigere Alternative zum Kornsprit,
- Mischung von Kornsprit und Kartoffelsprit,
- Branntweinerzeugung ohne Maischen von Getreide nur durch Mischen und Destillieren.

Nachfolgend werden die technologischen Schritte zur Herstellung von Korn zusammenfassend beschrieben, wie sie sich im Laufe der Entwicklung im 19. Jahrhundert durchgesetzt haben:

1. Auswahl des Einsatzproduktes

Laut Reinheitsgebot muss zur Herstellung von Maische reifes Getreide eingesetzt werden. Weiterhin sind auch Mischungen aus verschiedenen Getreidesorten nicht zugelassen. Meistens wird Weizen oder Roggen verwendet. Weizen führt zu einem milden und Roggen zu einem kräftigen Geschmack.

2. Mahlen, Einmaischen

Das Getreide wird in einer Schrotmühle gemahlen und durch heißes Wasser bzw. Heißdampf verkleistert. Da die entstandene Maische keinen Zucker enthält, spricht man von einer Sauermaische.

3. Verzuckerung

Der sogenannten Sauermaische wird Malz zugesetzt. Malz gewinnt man durch Keimung und Trocknung von Getreide, z. B. Gerste. Dabei werden die Enzyme aktiviert. Diese Enzyme spalten die Stärkemoleküle in Zucker auf. Die dadurch entstandene Mischung nennt man Süßmaische.

4. Gärung

Der Süßmaische wird Hefe zugegeben. Die Hefe überführt den Zucker bei 18 °C bis 22 °C in Alkohol. Diese Gärung kann z. B. 3 Tage dauern. Dabei entstehen neben Ethanol eine Vielzahl von Alkoholen und Kohlendioxid. Das Kohlendioxid wird in einer Waschkolonne entfernt.

5. Brennen bzw. Destillieren

Hat die Süßmaische einen ausreichend hohen Alkoholgehalt erreicht, wird sie destilliert. Man unterscheidet zwischen diskontinuierlicher und kontinuierlicher Destillation. Bei der diskontinuierlichen Destillation wird die mit Maische gefüllte Brennblase erhitzt und der gesamte Alkohol ausgetrieben. Es entsteht der Rohbrand, der meistens einen Alkoholgehalt von ca. 25 Vol.-% hat. Die in der Blase verbliebene Masse, die sogenannte Schlempe, wird aus der Blase entfernt. Sie ist ein hochwertiges Futtermittel. Im zweiten Destillationsschritt wird die jetzt mit dem Rohbrand befüllte Blase langsam erhitzt und der Dampf in einer Destillationskolonne in Vorlauf (68 °C), Mittellauf (80 °C) und Nachlauf (95 °C) getrennt. Im Vorlauf sammelt sich Methanol, das wegen seiner Giftigkeit entfernt werden muss. Der Mittellauf enthält das gewünschte Ethanol und Aromastoffe. Im Nachlauf sind z. B. die Fuselöle enthalten. Durch weitere Destillationsschritte kann man einen Feinbrand hoher Qualität erzeugen. Er enthält ca. 85 % Alkohol.

6. Herabsetzen und Lagern

Durch Verdünnen mit Wasser auf 32 % Alkohol erhält man den normalen Korn. Doppelkorn entsteht durch Verdünnen auf einen Alkoholgehalt von 37,5 Vol.-%. Nach Lagerung in Eichenfässern, wobei die Länge der Lagerung das Bouquet verbessert, erfolgt die Abfüllung in Flaschen. Ein Korn darf als Alter Korn bezeichnet werden, wenn er 6 Monate oder länger im Eichenfass gelagert wurde.[87]

7.4.3 Ausgewählte Brennereien

Im Jahr 1913 gab es noch 72 Brennereien in Nordhausen.[88] In diesem Kapitel wird nur auf die drei Brennereien eingegangen, die die englischen Bombenangriffe am 3./4. April 1945 weitgehend überstanden haben.

Detaillierte Informationen zu vielen weiteren Brennereien können dem Buch „500 Jahre Nordhäuser Korn" von Thomas Müller, Markus Veit und Günther Stanislowski entnommen werden.
.

- **Kornbranntweinbrennerei Appenrodt**

Das Bild 13, ein Ausschnitt aus einer Vertreterkarte, zeigt das Wohnhaus und die Fabrik der Kornbrennerei Appenrodt um 1890.

| Bild 13: Branntweinbrennerei Hermann Appenrodt, Ausschnitt aus Vertreterkarte, um 1890[89] | Bild 14: Haus von Hermann Appenrodt, 2024 (Foto: Hans-Jürgen Reinhardt) |

Hermann Appenrodt ließ das Wohnhaus im Jahr 1872 von dem Architekten Moritz Gerns in der Uferstraße errichten.[89] Es wurde mit Elementen des Historismus verziert. Im Jahr 1827 erfolgte der Zukauf der Brennereien von Friedrich Stolberg und C. W. Kuntze.

---

[87] Herstellung von Korn. https://kornkompetenz.de/herstellung/, abgerufen am 16.02.2023
[88] Müller/Veit/Stanislowski 2007, S. 50
[89] Müller/Veit/Stanislowski 2007, S. 183

Diese Dampfbrennerei stellte nicht nur Branntwein, sondern auch Appenrodts Harzer Kräuter-Magen Bitter (35 Vol.-%) her. Die Brennerei konnte bis etwa 1957 betrieben werden. Das Wohnhaus (Bild 14, Seite 48) und einige Gebäude der Brennerei sind noch vorhanden. Es ist bewohnt und die Nebengebäude werden teilweise als Gewerberäume genutzt.

- **Kornbrennerei Degen, Stegemann**

Friedrich Degen übernahm 1776 vom Senator Johann Wilhelm Reppel eine Brennerei zur Herstellung von Nordhäuser Kornbranntwein. Diese Brennerei wurde 1880 an August Stegemann verkauft. Stegemann ließ 1893 eine neue Brennerei errichten. Aus dem Kopf einer Rechnung der Firma (Bild 15) aus dem Jahr 1902 gehen einige Einzelheiten zu dieser Brennerei hervor.

Bild 15: Dampf-Kornbranntweinbrennerei Friedrich Degen Nachfolger, Ausschnitt aus einer Rechnung vom Jahr 1902[90]

Sie war bis zur Enteignung am 17. April 1948 im Besitz der Familie Stegemann. Nach der Enteignung der Brennerei am 1. Juni 1948 wurde das Nordhäuser Branntweinwerk gegründet. Die Produktion betrug 1948 schon 220.000 l verschiedener Spirituosen. Im Jahr

---

[90] Müller/Veit/Stanislowski 2007, S. 147

1950 fand die Umbenennung zum VEB Nordbrand Nordhausen statt. Dieser volkseigene Betrieb wurde 1991 privatisiert und von der Eckes AG übernommen.[91] Das Hauptgebäude, die Hallen für die Abfüllung und Verpackung sowie die Hochtanks von Nordbrand Nordhausen im Jahr 2023 zeigt Bild 16.

Bild 16: Hallen für Abfüllung und Verpackung (links), Verwaltungsgebäude (Hintergrund) sowie Hochbehälter (rechts), 2023
(Foto: Hans-Jürgen Reinhardt)

- **Kornbrennerei Seidel**

Im Jahr 1857 gründete Josef Seidel im Altendorf 27 eine Kornbrennerei. Bild 17 (Seite 51) zeigt den Kopf einer Rechnung der Firma aus dem Jahr 1889. Darauf sind die Brennerei und das Wohnhaus (Mitte) der Familie Seidel sowie der Brennraum (links im Bild) und das Lager mit den Fässern (rechts im Bild) zu sehen. Aufgrund des wirtschaftlichen Erfolgs der Brennerei konnte sein Sohn in den Jahren 1907/1908 ein repräsentatives Wohnhaus und einen geschlossenen Gebäudekomplex für die Brennerei in der Grimmelalle 11 errichten. Die Gebäude wurden mit Elementen des Jugendstils verziert.[92]

[91] Müller/Veit/Stanislowski 2007, S. 152
[92] Einenckel, H. Jochen: Die Kornbrennerei Joseph Seidel – die Geschichte der letzten noch existierenden Alten Nordhäuser Kornbrennerei von den Anfängen bis 1991. In: Jahrbuch des Landkreises Nordhausen 2003

Bild 17: Kopf einer Rechnung aus dem Jahr 1889[93]

Bild 18 zeigt den neuerbauten Gebäudekomplex für die Brennerei und den großflächigen Hof um 1926.

Bild 18: Hof der Brennerei J. Seidel um 1926[94]

Hinten rechts befindet sich das Produktionsgebäude der Brennerei, links hinten wird ein Pferdefuhrwerk beladen und links vorn ist das Büro. Ganz rechts außen befindet sich der 30 m hohe Schornstein. Man sieht nur den unteren Teil auf dem Bild.
Bild 19 (Seite 52) zeigt die Zeichnung für die Brennanlage aus dem

---

[93] Müller/Veit/Stanislowski 2007, S. 130
[94] Hof der Brennerei Seidel um 1926, Archiv der Echten Nordhäuser Traditionsbrennerei, Grimmelallee 11

Jahr 1926. Die Kernstücke der Anlage sind die Rektifizierkolonne in der Mitte, die Maischeblase (links) und die Destillierblase (rechts).

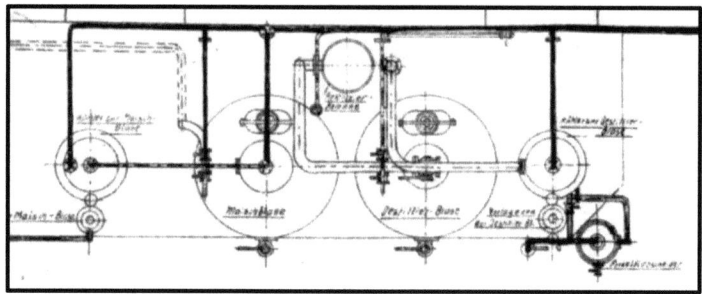

Bild 19: Zeichnung der Brennerei-Anlage der Firma J. Seidel, Nordhausen, 1926[95]

Die realisierte Anlage zum Brennen des Korns, wie sie um 1926 konkret aussah, zeigt Bild 20.

Bild 20: Brennblasen der Brennerei von J. Seidel Nordhausen, um 1926[96]

---

[95] Zeichnung der Brennerei-Anlage der Firma J. Seidel 1926. Archiv der Echten Nordhäuser Traditionsbrennerei, Grimmelallee 11
[96] Brennblasen der Brennerei von J. Seidel um 1926. Archiv der Echten Nordhäuser Traditionsbrennerei, Grimmelallee 11

Wir sehen, links beginnend, die Vorlage für die Blase für die Maische und darüber einen Kühler, dann die Blase für die Maische, die Destillierblase, einen Kühler und darunter die Vorlage für die Destillierblase. Die Beheizung der Blasen erfolgte ab 1908 mit Gas.[97]

Die Spirituosenproduktion musste 1959 eingestellt und auf einen Wäschereibetrieb umgestellt werden. Der Betrieb wurde 1972 verstaatlicht und im Jahr 1988 in den VEB Nordbrand Nordhausen eingegliedert. Der Familie Seidel bzw. Einenckel ist es trotz vieler Widrigkeiten gelungen, die Gebäude und den Standort der Brennerei bis zur Gegenwart zu erhalten.

Den VEB Nordbrand übernahm nach der Privatisierung 1991 die Firma Eckes AG. Diese erwarb auch die Brennerei Seidel/Einenckel und entwickelte daraus die „Echte Nordhäuser Traditionsbrennerei".[98] Sie ist gegenwärtig eine der interessantesten Sehenswürdigkeiten der Stadt. Es handelt sich um ein Museum zur Geschichte des Nordhäuser Korns und eine Produktionsstätte von Premium-Spirituosen und -Likören.

7.5 Tabakindustrie

7.5.1 Allgemeines

Tabak war bis zum 16. Jahrhundert in Europa nicht bekannt. Die Ureinwohner Amerikas dagegen haben schon lange vorher den Tabak zur Heilung von Krankheiten und für religiöse Kulte benutzt. Christoph Columbus brachte den ersten Tabak von seinen Entdeckungsreisen (1492-1504) mit nach Europa.

Im Deutschen Reich begann die Verbreitung des Tabaks im frühen 17. Jahrhundert. In der Folgezeit hat sich der Konsum von Tabak schnell verbreitet. Die wichtigsten Gründe dafür sind:

- Der Tabak konnte in Europa einfach angebaut werden.
- Man war der Auffassung, dass Tabak ein wirksames Heilmittel ist. Konkret wurde angenommen, dass er zur Stärkung des Herzens, zu einer Linderung von Menstruationsbeschwerden und zur Heilung bei Epidemien beitragen kann.

---

[97] Müller, Thomas: Informationen im persönlichen Gespräch am 07.07.2023
[98] Die Brennerei Joseph Seidel. https://www.welt.de/wirtschaft/article1361368/ Die-Brennerei-Joseph-Seidel.html, abgerufen am 22.07.2024

- Die Soldaten hatten im Dreißigjährigen Krieg Tabak umfangreich konsumiert und die Verbreitung stark beschleunigt.[99]

Beim Konsum von Tabak gab es verschiedene Trends. Das Schnupfen von Tabak war in der 2. Hälfte des 18. Jahrhunderts in Europa sehr beliebt. Mit Beginn des 19. Jahrhunderts wurden vor allem Rauchtabake für Zigarren und Pfeifen konsumiert. Ab Mitte des 19. Jahrhunderts gab es verstärktes Interesse an Kautabak. Im gleichen Zeitraum entwickelte sich auch die Zigarettenindustrie. So soll die Produktion an Zigaretten in Deutschland um 1860 60 Mio. Zigaretten betragen haben und bis 1912 auf 11,5 Milliarden Zigaretten gesteigert worden sein.[100] Die hohen Stückzahlen sind wahrscheinlich nur durch die Erfindung der maschinellen Zigarettenherstellung im Jahr 1881 in den USA und deren Anwendung in Deutschland möglich gewesen.

Die industrielle Herstellung von Kautabak fand jedoch erst Anfang des 19. Jahrhunderts statt, zunächst in den USA und ab Mitte des 19. Jahrhunderts in Deutschland. Die verstärkte Nachfrage hat dazu geführt, dass viele Tabakverarbeiter sich auf die Kautabakherstellung konzentrierten. Der hohe Bedarf an Kautabak ist auch darauf zurückzuführen, dass Seeleute, Bergarbeiter und andere Berufsgruppen nur Kautabak auf ihrer Arbeit, z. B. wegen der Brandgefahr, konsumieren durften.

Durch die Industrialisierung der Produktion konnten sich breite Teile der Bevölkerung Tabakprodukte leisten. Der Tabak ist im 20. Jahrhundert zu einem Massengut geworden. Im 21. Jahrhundert jedoch sind der Bedarf und die Produktion sehr stark zurückgegangen.

7.5.2 Entwicklung der Tabakindustrie in Nordhausen

Der Heimatforscher H. H. Silberborth schrieb, dass der Tabakanbau im Eichsfeld schon vor 1672 bekannt war und es Tabak-

---

[99] Havlena, Günter: Geschichte des Tabaks im Europa der frühen Neuzeit und Moderne. https://www.geschichte-lernen.net/geschichte-des-tabaks-und-rauchens/, abgerufen am 10.06.2023
[100] Geschichte des Tabakkonsums. https://de.wikipedia.org/wiki/Geschichte_des_Tabakkonsums, abgerufen am 10.06.2023

spinner bereits 1721 in Nordhausen gegeben hat.[101]
Die Tabakverarbeitung in Nordhausen trug jedoch bis Anfang des
19. Jahrhunderts handwerklichen Charakter und war auf die Herstellung von Schnupf- und Rauchtabak beschränkt. Nordhausen
war ein guter Standort für die Tabakindustrie, weil ausreichend
Arbeitskräfte zur Verfügung standen und Tabak aus dem nahe
gelegenen Eichsfeld bezogen werden konnte.
Die Nordhäuser Tabakindustrie war zunächst ein Kleingewerbe, da
u. a. die Tabakvorräte aus den benachbarten Anbaugebieten
größere Produktionsmengen nicht zuließen. Im Jahr 1826 gab es
in Nordhausen 3 Tabakfabriken. Sie beschäftigten 58 Arbeitskräfte:
- A. Fleck: 30 Personen,
- And. Hanewacker: 24 Personen,
- Joh. Fr. Knies: 4 Personen.[102]
Es handelte sich also um zwei Mittelbetriebe und einen
Kleinbetrieb, die vor allem Rauch- und Schnupftabak herstellten.
Aber schon 1820 wurden in Nordhausen Kautabak und Zigarren
produziert. Bei der Herstellung von Kautabak und Zigarren ist die
Arbeitskraft allerdings ein entscheidender Faktor. Es standen in
Nordhausen ausreichend Arbeitskräfte zur Verfügung.
Ab 1834 setzten die Tabakfabrikanten verstärkt uckermärkische,
pfälzische und amerikanische Rohtabake ein. Der Aufschwung in
der Nordhäuser Tabakindustrie führte im Jahr 1838 dazu, dass
sieben Firmen 164 Mitarbeiter beschäftigen konnten. Bemerkenswert ist, dass der Anteil an Frauen mit 89 Beschäftigten sehr hoch
war, wie Tabelle 7 (Seite 56) zeigt.
In dieser Zeit hat man auch das Sortiment wesentlich erweitert.
Hergestellt wurden nun Schnupftabake, Rauchtabake und Kautabake zum Schnupfen, Rauchen und Kauen sowie Zigarren. Am
stärksten stieg die Herstellung von Kautabak an.
Der Einsatz der Dampfkraft und angetriebener Maschinen hat die
Effektivität der Tabakverarbeitung gesteigert. Trotzdem blieb die
Handarbeit von entscheidender Bedeutung.

---

[101] Silberborth, Hans: Geschichte der Freien Reichsstadt Nordhausen. In: Das
tausendjährige Nordhausen. Geiger Verlag, Horb am Neckar, 2017, S. 105
[102] Propp 1935, S. 62

55

Firma	Männer	Frauen	Insgesamt
Fleck	32	41	73
C. A. Kneiff	7	15	22
Becker & Reddersen	3	6	9
G. A. Hanewacker	20	16	36
J. F. Knies	8	6	14
Lerche	2	2	4
Münter	3	3	6
Summe	**75**	**89**	**164**

Tabelle 7: Firmen und Mitarbeiter der Nordhäuser
Tabakindustrie im Jahr 1838[103]

In den Jahren 1856 bis 1859 stellten in 13 Fabriken etwa 860 Arbeiter durchschnittlich folgende Tabake her:

- Kautabak: 6.074 Ztr.,
- Zigarren: 4.788 Ztr.,
- Rauchtabak: 4.507 Ztr.,
- Schnupftabak: 1.214 Ztr..[104]

Der Anschluss der Stadt an das Eisenbahnnetz in Deutschland führte zu einem weiteren Aufschwung in der Tabakindustrie, weil der Absatzmarkt mit wenig Aufwand erweitert werden konnte. So gab es 1871 in Nordhausen neun Tabakfabriken, die 822 Beschäftigte hatten. Insgesamt wurden 26.112 Zentner Tabakerzeugnisse hergestellt. Der Anteil an Kautabak war auf 47 % gewachsen.[105] Einen Überblick über die Gesamtproduktion von 1875 bis 1877 von Nordhausen im Vergleich zur Produktion in Deutschland und in Sachsen gibt Tabelle 8 (Seite 57). Die Nordhäuser Kautabakindustrie hatte eine führende Position in Deutschland erreicht.

Ab 1879 führten die Zollerhöhung und die Preissteigerung der Tabakerzeugnisse jedoch zu einem Rückgang des Konsums. Besonders betroffen war die Nordhäuser Zigarrenindustrie. Weitere Ursachen für die Abnahme des Absatzes waren die

---

[103] Propp 1935, S. 63
[104] Propp 1935, S. 65
[105] Propp 1935, S. 66

schlechte Qualität der hergestellten Missourizigarren und der Mangel an billigen Arbeitskräften in Nordhausen.

	Produktion in Ztr.	Produktion in %
Deutschland	170.808	100
Prov. Sachsen	49.600	29
Nordhausen	36.290	21,2

Tabelle 8: Gesamtproduktion an Kautabak von 1875-1877 in Deutschland, in der Provinz Sachsen und in Nordhausen[106]

Eine Folge war, dass sich die Zigarrenindustrie aus der Stadt Nordhausen in den Landkreis Worbis-Heiligenstadt verlagerte. So gab es 1913 in Nordhausen nur noch 60 Zigarrenarbeiter. Dagegen hatte sich die Zahl der Zigarrenarbeiter im Landkreis Worbis-Heiligenstadt 1907 auf 4.281 erhöht.[107]
Die Kautabakherstellung konnte weiterhin gesteigert werden. Im Jahr 1892 wurden 18.131 Zentner Kautabak erzeugt. Somit waren 70 % aller in Nordhausen hergestellten Tabakerzeugnisse Kautabake. Für ihre Herstellung arbeiteten 1.200 bis 1.300 qualifizierte Facharbeiter.[108]
Die Arbeitsbedingungen waren für die meisten Arbeiter jedoch sehr schlecht und die Löhne niedrig. So kam es 1890 zu einem großen Streik in der Kautabakindustrie von Nordhausen. Nachdem das Geld des Unterstützungsvereins von 5.532 Mark ausgegeben war, musste der Streik erfolglos abgebrochen werden. Die Unternehmer nutzten die Gelegenheit und verpflichteten ihre Mitarbeiter aus dem Unterstützungsverein auszutreten und nie wieder in eine Kautabakarbeiterorganisation einzutreten. Da es aber auch in den nächsten Jahren nur wenige Verbesserungen für die Arbeiter gab, kam es 1901 wiederum zu einem großen Streik

---

[106] Nebelung, Werner: Die Kautabakindustrie der Stadt Nordhausen. Entwicklung und Bedeutung ihrer wirtschaftlichen und sozialen Verhältnisse. Dissertation, Landesuniversität Jena. Theodor Müller, Nordhausen, 1929, S. 36
[107] Propp 1935, S. 85
[108] Propp 1935, S. 85

der Nordhäuser Kautabakarbeiter.[109] Der Schiedsspruch des Gewerbegerichtes führte leider nicht zur Beendigung des Streiks. Im November 1901 mussten die Arbeiter den Streik allerdings beenden, da die verfügbaren Mittel in der Streikkasse über 120.923 Mark verbraucht waren. Die wichtigsten Ergebnisse des Streiks waren, dass die Rollenmacher eine Lohnerhöhung erhielten und die Unternehmer die Interessenvertretung der Arbeiter akzeptierten.

Da die Tabakfabrikanten aber 220 Arbeiter nicht wieder einstellten, haben einige von ihnen 1901 die „Nordhäuser Kautabakarbeiter-Genossenschaft eGmbH" gegründet.[110] Trotz aller Schwierigkeiten, die die Unternehmer der Genossenschaft bereiteten, hat sie sich mit der eigenen Produktion erfolgreich behauptet. Im Jahr 1903 schloss sich die Genossenschaft dem Verband mitteldeutscher Konsumvereine an.

Einen interessanten Aufschluss über die erfolgreiche Entwicklung der Tabakindustrie geben die nachfolgenden Arbeiterzahlen:

1882: 1.223,   **1891**: 1.359,
1907: 2.105,   **1913**: 2.342.[111]

Sie belegen auch die große wirtschaftliche Bedeutung der Tabakindustrie für die Stadt Nordhausen. Die Ursachen für den Erfolg waren die verstärkte Nachfrage nach Kautabak durch die Belegschaften der Berg- und Hüttenwerke, der Zünd- und Brennstofffabriken sowie weiterer Industriezweige, bei denen Rauchen aus Sicherheitsgründen nicht gestattet war, das Vorhandensein qualifizierter Facharbeiter und die hohe Qualität des Nordhäuser Produktes.

Die 16 Nordhäuser Fabriken hatten 1913 folgende Betriebsgrößen:

- 5 Großbetriebe mit insgesamt 1.845 Arbeitern,
- 6 Mittelbetriebe mit insgesamt 402 Arbeitern,
- 5 Kleinbetriebe mit 1 bis 50 Arbeitern.[112]

---

[109] Grönke, Hans-Jürgen: Die Nordhäuser Kautabakproduktion – ein verschwundener Industriezweig. In: Zur Industriegeschichte im Südharz. Lukas Verlag, Berlin und Wernigerode, 2016, S. 297
[110] Grönke 2016, S. 298
[111] Silberborth 2017, S. 228
[112] Propp 1935, S. 87

Der größte Teil des Nordhäuser Kautabaks wurde also in Groß- und Mittelbetrieben hergestellt. Durch diese Betriebsgrößen hatte man Wettbewerbsvorteile gegenüber anderen Standorten. In Nordhausen wurden damals 60 % des deutschen Kautabaks produziert.

Um mit dem wachsenden Bedarf mithalten zu können, wurden die Produktionsmethoden kontinuierlich verbessert. So führte man die Arbeitszerlegung und die Akkordarbeit ein. Weiterhin wurde die Dampfkraft zum Antrieb der Spinnhaspel im Jahr 1881 von 4 Fabriken genutzt. Vor dem 1. Weltkrieg erreichte die Nordhäuser Kautabakindustrie ihre Blütezeit, wie Tabelle 9 deutlich macht.

	1903	1913
Kleinbetriebe (11-50 Arbeiter)	5 Betriebe 110 Arbeiter	4 Betriebe 10 Arbeiter
Mittelbetriebe (51-200 Arbeiter)	7 Betriebe 600 Arbeiter	6 Betriebe 402 Arbeiter
Großbetriebe (201 und mehr Arbeiter)	3 Betriebe 1.160 Arbeiter	5 Betriebe 1.845 Arbeiter

Tabelle 9: Übersicht über die Kautabakbetriebe 1903 und 1913 in Nordhausen[113]

Durch das Vorherrschen von Großbetrieben war die Nordhäuser Kautabakindustrie auch sehr konkurrenzfähig.

Von 1811 bis 1914 hatten sich 20 Tabakfabriken gegründet. In dieser Zeit wurde die Herstellung von Kautabak zum Schwerpunkt der Geschäftätigkeit der Nordhäuser Tabakfabriken.

Von der Mitte des 19. Jahrhunderts bis 1914 erfolgten in der Tabakindustrie eine wesentliche Steigerung der Arbeits- produktivität sowie die Verbesserung der Arbeitsbedingungen und der sozialen Leistungen für die Arbeiter.

Die Veränderungen in der Tabakindustrie können wie folgt zusammengefasst werden:

- Einführung der Dampfkraft und Nutzung angetriebener Maschinen,

---

[113] Nebelung 1929, S. 62

- Einführung einer effektiven Arbeitsteilung,
- Einführung von Akkordarbeit,
- Errichtung moderner Fabrikgebäude, wodurch auch eine Verbesserung der Betriebshygiene erreicht wurde,
- Verringerung der Arbeitszeit, Einführung von Pausen,
- Nachtarbeitsverbot für Kinder, Jugendliche und Frauen,
- Verbot von Sonntagsarbeit.

Eine besondere Bedeutung für die erfolgreiche Entwicklung hatten die Vergrößerung des Staatsgebietes, zu dem es zollfrei Zugang gab, sowie die Anbindung von Nordhausen an das Eisenbahnnetz Deutschlands.

7.5.3 Herstellung von Kautabak

Die Herstellung von Kautabak oder Priem hatte eine lange Tradition und veränderte sich prinzipiell über Jahrzehnte wenig. Bis ins 20. Jahrhundert wurde hauptsächlich Kentucky Tabak aus Nordamerika verwendet. Der wurde mit Segelschiffen nach Europa transportiert. Während des dreimonatigen Transports reiften die in Holzfässern gelagerten Tabakblätter.

Bild 21 zeigt das Rohtabaklager der Firma Kneiff mit Holzfässern, in denen der Tabak aus den USA angeliefert wurde.

Bild 21: Rohtabaklager der Firma Kneiff, 1927[114]

---

[114] Festschrift 100 Jahre C. A. Kneiff G.M.B.H. Nordhausen 1827–1927, S. 14

Die wichtigsten Arbeitsschritte zur Herstellung von Kautabak waren:

- **Auswahl des Tabaks**
  Der Rohtabak muss zäh, schwer und stark nikotinhaltig sein. In der Regel wird Kentucky Tabak eingesetzt.

- **Bearbeitung der Tabakpflanze**
  Zur Erreichung fetter und zäher Tabakblätter werden Köpfen (Abschneiden der Blüte) und regelmäßiges Geizen (Entfernung von Seitentrieben) der Pflanze durchgeführt.

- **Ernte und Trocknung**
  Nach der Ernte werden die Tabakblätter trocken gelagert und anschließend mit dem Stil nach oben über einem Hartholzfeuer getrocknet, um ein besonderes Aroma zu erzeugen.

- **Fermentation**
  Die getrockneten Blätter werden dann fermentiert. Die Fermentation ist ein Gärungsprozess, bei dem Zucker, Stärke und Gerbsäure abgebaut werden. Weiterhin werden der Nikotingehalt und die Eiweißverbindungen (nachteilig für das Aroma) in den Blättern reduziert. Der Fermentationsprozess läuft von selbst ab, wenn Feuchtigkeit, Wärme und Druck vorhanden sind. Zur Fermentation werden große Tabakmengen aufgeschichtet und die Luft auf 50 °C bis 60 °C erwärmt. Die Dauer der Fermentation liegt zwischen 30 bis 50 Tagen.

- **Lagerung in Holzfässern, Reifungsprozess**
  Die fermentierten Blätter werden in luftdichte Holzfässer bei einem Feuchtigkeitsgehalt von 8 %-12 % gepresst. Diese Holzfässer lagert man dann einige Monate in kühlen und trockenen Räumen.

Die nachfolgenden Arbeitsschritte fanden in Nordhausen statt:

- **Tabak-Aufbereitung**
  Der Tabak aus den Fässern wird leicht angefeuchtet, damit sich die gepressten Blätter besser lösen können. Zur Anfeuchtung werden Wasserzerstäuber oder Dampfapparate verwendet. Dann erfolgen die Sortierung nach Einlagetabak und Deckblatt, das Glätten sowie das Entrippen der Tabakblätter.

- **Trocknung**
  Der feuchte und entrippte Tabak wird bis auf einen Feuchtigkeitsgehalt von 8 %-9 % getrocknet.
- **Soßen der Einlageblätter**
  Die getrockneten Einlageblätter werden in nach besonderen Rezepturen hergestellte Soßen eingelegt. Für die Herstellung der Soßen hatten die Tabakproduzenten eigene Rezepte. Die wurden streng geheim gehalten. Zutaten waren z. B. Fruchtessenzen wie Pflaume, Feige, Apfelsine und Zitrone sowie Honig, Traubenzucker und Anis. Die Zubereitung der Soßen fand in der Kocherei (Bild 22) statt.

Bild 22: Kocherei der Firma Kneiff[115]

- **Spinnen der Tabakblätter**
  Der Spinner erzeugt mithilfe einer rotierenden Haspel zum Aufwickeln des Tabaks aus den ungesoßten Deckblättern und den gesoßten Einlageblättern ein langes Seil, das sich dann auf eine Rolle aufwickelt. Der Spinner hat als Hilfskraft eine Vorlegerin. Sie legt das Deckblatt und das Einlageblatt dem Spinner vor (Bild 23, Seite 63).

---

[115] Festschrift Kneiff 1927, S. 16

Bild 23: Spinnersaal der Firma Kneiff[116]

- **Trocknung und Soßen des langen Seils**
  Das fertiggesponnene Seil wird dann mehrmals getrocknet und mehrfach mit der Soße getränkt.
- **Abteilung des Strangs**
  Der Abteiler zerlegt den Strang in die erforderlichen mundgerechten Stücke mit einem Messer.
- **Herstellung der Rollen**
  Der Rollenmacher formt nun aus den abgeteilten Stücken gleichgroße Rollen. 50 oder 100 Stück dieser Rollen werden dann in einer Packung zusammengefasst. Aus den abgeteilten Stücken wurden aber auch Knoten, Hufeisen und Stangen geformt.[117,118]

Bild 24 (Seite 64) zeigt den Trockenboden und das Rollenlager der Firma Kneiff.

---

[116] Festschrift Kneiff 1927, S. 17
[117] Die Herstellung von Kautabak. www.noblego.de/lexikon/kautabak-herstellung, abgerufen am 10.06.2023
[118] Nebelung 1929, S. 20

Bild 24: Trockenboden (links) und Rollenlager (rechts) der Firma Kneiff, 1927[119]

Anschließend erfolgte die Verpackung des Priems in Wachspapier und Folien. Der verpackte Priem wurde dann in Blechschachteln, Blechdosen oder Pappschachteln eingebracht und versandt. Kautabak ist lange haltbar, aber feuchtigkeitsempfindlich. Deshalb wurde er von den Tabakwarenhändlern und Gastwirten in Kautabakdosen aufbewahrt. Die Kautabakdosen waren zugleich auch Werbeobjekte (Bild 25 und Bild 26, Seite 65). Der Priem wird nicht gekaut, sondern zwischen die Wange und den Kiefer gelegt, vom Speichel ausgelaugt und dann ausgespuckt. Dafür wurden sogar Spucknäpfe aus Messing bereitgestellt.

7.5.4 Ausgewählte Firmen der Tabakindustrie
7.5.4.1 Firma Grimm & Triepel

Theodor Grimm, ein Kaufmann, kehrte 1848 aus Amerika zurück und gründete 1849 eine Tabak- und Zigarettenfabrik an der Wassertreppe in Nordhausen. Er begann mit 15 Mitarbeitern. 1853 vergrößerte er seinen Betrieb und verlagerte ihn in die Pfaffengasse. Mit dem Kaufmann Adolf Triepel hatte Grimm einen kapitalkräftigen Partner gewonnen.

---

[119] Festschrift Kneiff 1927, S. 18

Bild 25: Kautabaktopf der Firma   Bild 26: Kautabaktopf der Firma
Hanewacker, 1895[120]   Grimm & Triepel, 1895[120]

Dadurch war es möglich, 1864 den Betrieb in den neuen Fabrikräumen in der Grimmelallee mit 100 Mitarbeitern aufzunehmen. 1872 wurde die Firma von Ferdinand Feustell gekauft, der sie bis zu seinem Tod 1881 erfolgreich weiterführte. Im Mai 1881 erwarb dann Otto Kruse das Unternehmen. Er vergrößerte und modernisierte die Fabrik (Kesselhaus, Kocherei, Packraum) kontinuierlich. Ein großes Fabrikgebäude zur Zigarrenfabrikation wurde 1896 in der Flickengasse errichtet. Im Jahr 1899 arbeiteten 400 Arbeiter und Angestellte in der Firma.[121] Die Bilder 27-30 (Seite 66) vermitteln einen Einblick in die damalige Arbeitswelt der Arbeiter in der Firma Grimm & Triepel.
Im Jahr 1903 wurde die Fabrikanlage wiederum vergrößert und 1910 ein zweites Maschinenhaus errichtet. Weiterhin fand die Umstellung auf elektrischen Antrieb statt. Die Herstellung von Zigarren wurde 1911 in Filialbetriebe ausgelagert. Dadurch entstand Platz für die Erweiterung der Kautabakproduktion.

---

[120] Kautabaktöpfe, http://www.kautabaktopf.de/toepfe-details.html, abgerufen am 27.06.2023
[121] Kruse, Georg/Kruse, Otto jun.: Gedenkschrift zum 75-jährigen Bestehen der Tabak-Fabrik Grimm & Triepel zu Nordhausen a. H.. Verein Kunstanstalten, Kaufbeuren, 1924, S. 3-5

Bild 27: Kocherei[122]   Bild 28: Rollenmachersaal[122]

Bild 29: Spinnersaal[122]   Bild 30: Abschlagen des Tabaks[122]

Im Jahr 1913 wurden Otto Kruses Söhne Georg und Otto jun. Teilhaber der Firma, die sie dann 1921 komplett übernahmen. Die Firma entwickelte sich in der Folgezeit zu einem der größten Kautabakproduzenten Deutschlands und beschäftigte bis zu 1.225 Arbeiter und Angestellte.[123]

Bild 31 (Seite 67) zeigt ein Werbeplakat aus dem Jahr 1895. Mit diesem Werbeplakat hat man solche Berufsgruppen ange-sprochen, die während der Arbeitszeit nur auf Kautabak zurück-greifen durften. Eine Blechdose für Kautabak, wie sie von vielen Handwerkern genutzt wurde, ist auf Bild 32 (Seite 67) abgebildet. Im Jahr 1945 fand die Enteignung der Firma statt und die Familie Kruse verließ daraufhin die sowjetische Besatzungszone.

---

[122] Kruse/Kruse 1924, Fotos
[123] Kruse/Kruse 1924, S. 6

Bild 31: Werbeplakat für
Kautabak aus dem Jahr 1895[124]

Bild 32: Blechdose für
Kautabak[125]

7.5.4.2 Firma G. A. Hanewacker

Georg Andreas Hanewacker hat das Unternehmen am 3. Oktober 1817 gegründet. Er ist der erste Hersteller von Kautabak in Deutschland, da Kautabak bisher aus Dänemark importiert werden musste.[126] Die Rezepte für die Soßen, in denen man die Tabakblätter für den Kautabak tränkte, entwickelte er selbst. Aufgrund des Erfolgs wurde daraus ein wichtiges Betriebsgeheimnis.

Die Produktionsstätte befand sich bis 1855 in der Rautenstraße 330 und danach im Grimmel 6. Im Jahr 1867 starb G. A. Hanewacker und sein Sohn Georg August Hanewacker übernahm die Firma. Da dieser schon 1870 starb, führten dessen Söhne Hermann und Adolf die Firma weiter. Nach dem Tod Adolfs 1879

---

[124] Emailleschild. https://commons.wikimedia.org/wiki/File:Grimm_%26_Triepel_ NORDHAUSEN.jpg, abgerufen am 28.06.2023

[125] Blechdose. https://brandenburg.museum-digital.de/ singleimage?imagenr=2460, abgerufen am 28.06.2023

[126] Kuhlbrodt u. a. 2003, S. 46

67

nahm Hermann seine beiden Brüder Rudolf und Hugo in die Geschäftsleitung auf. Unter der Führung von Hermann Hanewacker entwickelte sich das Unternehmen zu einer der größten Kautabakfabriken Deutschlands.

Hermann Hanewacker betätigte sich nicht nur als Unternehmer, sondern nahm auch am politischen und gesellschaftlichen Leben der Stadt rege teil. So war er langjähriger Vorsitzender der Nordhäuser Handelskammer, 1909 Stadtverordneter und Mitglied des Provinziallandtags von 1912 bis 1918. Hermann Hanewacker engagierte sich aber auch für die Entwicklung der städtischen Sparkasse und war im Harzklub-Zweigverein Nordhausen aktiv. Für sein gesellschaftliches Engagement erhielt er 1910 den Titel „Königlich preußischer Kommerzienrat". Anlässlich des 100-jährigen Firmenjubiläums stiftete er 100.000 Mark für die Stadt. In Würdigung seiner Leistungen wurde Hermann Hanewacker 1917 Ehrenbürger der Stadt Nordhausen. Er starb im Jahr 1922 an den Folgen eines Unfalls.

In den Folgejahren hat sich die Firma unter der Leitung von Rudolf Hanewacker sehr erfolgreich entwickelt, sodass 1927 bis 1929 eine moderne und größere Fabrik errichtet werden konnte. In ihr arbeiteten etwa 2.000 Männer und Frauen.[127]

Die Werbung spielte im 19. Jahrhundert bei allen Tabakfabriken eine große Rolle. Es wurden Kautabaktöpfe, Plakate, Briefmarken und auch Briefköpfe dafür genutzt. Die Bilder 33-35 (Seite 69) zeigen Beispiele der Firma G. A. Hanewacker.

Nach der Enteignung 1945 hat Ewald Hanewacker, der Sohn von Rudolf Hanewacker, die Firma nach Düsseldorf und später nach Duisburg verlegt. Der enteignete Betrieb in Nordhausen wurde zum VEB Nordhäuser Tabak (Nortak) umgewandelt.

7.5.4.3 Firma C. A. Kneiff

Am 5. Juli 1827 teilte Carl August Kneiff im „Nordhäusischen wöchentlichen Nachrichtenblatt" mit, dass er eine Tabakfabrik, Wein- und Waren-Handlung in der Rautenstraße 307 eröffnet hat. Die Tabakfabrik entwickelte sich Erfolg versprechend.

---

[127] Grönke 2016, S. 314-319

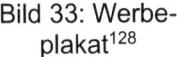

Bild 33: Werbe-plakat[128]	Bild 34: Reklamemarke mit Pistorius-graben[129]	Bild 35: Kopf eines Rechnungsblattes mit Fabrikansicht[130]

Die wichtigsten Etappen der Entwicklung der Firma C. A. Kneiff sind nachfolgend zusammengefasst dargestellt:

- ➢ 1827: Gründung der Tabakfabrik durch Carl August Kneiff,
- ➢ 1837: Übersiedlung der Firma in die Hagenstraße,
- ➢ 1865: Herstellung von 6.950 Millionen Zigarren, 446 Ztr. Schnupftabak, 1.452 Ztr. Rauchtabak und 3.785 Ztr. Kautabak,
- ➢ 1866: Carl (1829-1902) und Rudolph (1836-1900) Kneiff übernahmen die Firma,
- ➢ 1874: Konzentration der Produktion auf Kautabak, Erzeugung von 4.559 Ztr. Kautabak,
- ➢ 1893: Brand der Fabrik in der Hagenstraße und Vernichtung des Lagers,
- ➢ 1894: Errichtung der neuen Fabrik in der Gerhard-Hauptmann-Straße, damals Salzaer Straße,
- ➢ 1900: Friedrich (1864-1944) und Rudolf (1870-1944) Kneiff übernahmen die Firma,

---

[128] Werbeanzeige 1927. https://nordhausen-wiki.de/wiki/G._A._Hanewacker, abgerufen am 28.06.2023
[129] Reklamemarke, 1900 bis 1908 erschienen. https://www.veikkos-archiv.com/index.php?title=G.A._Hanewacker, abgerufen am 28.06.2023
[130] Ausschnitt aus Rechnungsblatt. https://picclick.de/3601-Rechnungsblatt HANEWACKER-TABAK-Nordhausen-1930-Fabrikansicht-Reklame1360713458.html, abgerufen am 28.06.2023

- ➢ 1919: Gründung der AG „Nordhäuser Tabakfabriken",
  10 Firmen (u. a. Kneiff) vereinigten sich,
- ➢ 1927: 100 Jahre C. A. Kneiff GmbH,
- ➢ 1946: Enteignung der Familie Kneiff,
- ➢ 1946: Weiterführung der Firma als VEB Rohtabak.[131,132]

Ein schwerer Schicksalsschlag für das Unternehmen und für die Familie war der Brand im Jahr 1893 in der Hagenstraße 45. Bei dem Brand wurden die Hälfte des Fabrikgebäudes, das Lager und 235 Mio. Zigarren, 63 Zentner Schnupf- und Rauchtabak sowie 1.780 Zentner Kautabak vernichtet. Aber schon 1894 konnte das neue moderne Fabrikgebäude (Bild 36) in der Gerhart-Hauptmann-Straße (früher Salzaer Straße, ab 1927 Kneiffstraße, ab 1945 Gerhart-Hauptmann-Straße) in Betrieb genommen werden. Auf dem großen Fabrikgelände befanden sich außerdem eine Fabrikantenvilla und ein parkartiger Garten.

Bild 36: Fliegeraufnahme der Tabakfabrik C. A. Kneiff[133]

---

[131] Kneiff Festschrift 1927, S. 3-27
[132] Grönke 2016, S. 319-323
[133] Kneiff Festschrift 1927, S. 4

Die erfolgreiche Entwicklung der Firma über viele Jahrzehnte wird am Beispiel der Produktionszahlen für Kautabak deutlich:

- 1828: 400 kg Kautabak,
- 1840: 19.200 kg Kautabak,
- 1855: 11.500 kg Kautabak,
- 1874: 227.950 kg Kautabak.[134]

Bei der Firma Kneiff handelte es sich um einen Familienbetrieb, der über mehrere Generationen erfolgreich geführt wurde. Die Zusammenstellung der Firmeninhaber auf Bild 37 zeigt den Gründer der Firma Carl August Kneiff, seine Söhne Carl und Rudolph Kneiff sowie die Enkel Friedrich (auch Fritz genannt) und Rudolf Kneiff, die letzten Besitzer des Unternehmens. Carl und Fritz Kneiff ließen den Park Hohenrode, der aus historischer, architektonischer und dendrologischer Sicht von besonderer Bedeutung für Nordhausen ist (siehe Seite 155), anlegen.

| Carl August Kneiff, 1800-1860 | Carl Kneiff, 1829-1902 | Rudolph Kneiff, 1836-1900 | Friedrich Kneiff, 1864-1944 | Rudolf Kneiff, 1870-1944 |

Bild 37: Besitzer der Firma Kneiff[135]

Die Familie Kneiff wurde 1946 enteignet und die Tabakfabrik anschließend als VEB Rohtabak weitergeführt. 1990 erfolgten die Privatisierung der Fabrik durch den Verkauf an die Firma Reemtsma und die Rückgabe von Park Hohenrode mit Villa an die Erben der Familie Kneiff, Familie Bäuerle.

---

[134] Nebelung 1929, S. 23
[135] Kneiff Festschrift 1927, S. 6, 7, 8, 9

7.5.4.4 Nordhäuser Kautabakarbeiter-Genossenschaft

Ab April 1901 kam es zu Arbeitsniederlegungen in den Kautabak-fabriken von Nordhausen. Sie begannen bei der Firma „Berlin und Bona" und immer mehr Kautabakarbeiter schlossen sich dem Streik an. Mitte Mai 1901 waren es etwa 1.000 Tabakarbeiter, die streikten.[136] Der Streik dauerte 26 Wochen und erschöpfte die gesparten Mittel der Arbeiterschaft. Da eine größere Zahl von Tabakarbeitern nicht wieder eingestellt wurde, gründeten 58 Tabakarbeiter am 14. Juli 1901 eine Kautabakarbeiter-Genossen-schaft. Die gerichtliche Eintragung erfolgte am 6. August 1901. Das Startkapital von 10.000 Mark wurde gesammelt und die 58 Genossenschaftsmitglieder brachten mindestens jeweils 50 Mark in die Genossenschaft ein. Der erste Geschäftsführer wurde Emil Prophet, ein Tabakspinner.[137] Trotz der Schwierigkeiten, die der Genossenschaft von den Nordhäuser Fabrikanten und Tabak-händlern bereitet wurden, nahm die Genossenschaft eine erfolg-reiche Entwicklung (siehe Tabelle 10). Das gelang auch dadurch, dass die Genossenschaft 1903 dem Verband mitteldeutscher Konsumvereine beitrat.

Jahr	Gesamtumsatz in M	Bruttogewinn in M
1901	161.000	13.013
1903	170.400	62.461
1905	186.000	68.532
1906	198.000	74.613
1907	233.000	95.808
1908	264.180	101.910
1909	288.327	119.950

Tabelle 10: Gesamtumsatz und Bruttogewinn der Kautabakarbeiter-Genossenschaft von 1901 bis 1909[138]

---

[136] Nordhäuser Kautabakarbeiter-Genossenschaft in Wort und Bild. 1910, S. 5
[137] Nordhäuser Kautabakarbeiter-Genossenschaft. https://de.wikipedia.org/wiki/Nordh%C3%A4user_Kautabakarbeiter-Genossenschaft, abgerufen am 13.06.2023
[138] Kautabakarbeiter-Genossenschaft 1910, S. 3, 4

Weiterhin wurde ein Konkurs aufgrund des Boykotts von Materiallieferungen verhindert. 1909 zog die Genossenschaft in ein eigenes Fabrikgebäude (Bild 38) ein.

Bild 38: Hauptfabrikationsgebäude der Kautabakarbeiter-Genossensschaft, 1909[139]

Dadurch war es möglich, sowohl die Produktion als auch den Gewinn zu steigern. 1910 wurde der erste Tarifvertrag der Branche in Deutschland mit dem Deutschen Tabakarbeiterverband ausgehandelt. Einige wichtige Vereinbarungen waren:

- Achtstundentag,
- Urlaub von 6 Tagen bei Lohnfortzahlung,
- Kranken– und Invalidenbeiträge werden in voller Höhe von der Genossenschaft übernommen,
- Akkordlöhne über 25 % höher als die Löhne der Konkurrenz.[140]

Dieser Vertrag war richtungsweisend für die gesamte Branche. Die Genossenschaft bot den Arbeitern nicht nur gute Lohnverhältnisse, sondern auch gute soziale Bedingungen:

---

[139] Kautabakarbeiter-Genossenschaft 1910, Abbildung 5
[140] Grönke 2016, S. 299

73

- Beheizung aller Räume mit Niederdruck-Dampf,
- Wascheinrichtung in jedem Raum,
- Räume für die Garderobe mit Wärmenische zur Erwärmung des mitgebrachten Essens und Esstischen sowie Stühlen (Bild 39).[141]

Bild 39: Garderobe und Speiseraum für Frauen[142]

Im Jahr 1913 trat die Nordhäuser Kautabakarbeiter-Genossenschaft der Großeinkaufsgesellschaft Deutscher Konsumvereine (GEG) bei und wurde im gleichen Jahr von der GEG übernommen. In der Veröffentlichung „Die Nordhäuser Kautabakarbeiter-Genossenschaft in Wort und Bild" von 1910 wird auch der damalige Produktionsprozess beschrieben und mit Fotos (Bild 40-43, Seite 75) veranschaulicht. Die Mitarbeiter der Genossenschaft erhielten sehr gute Löhne, welche weit über den Löhnen der

[141] Grönke 2016, S. 299
[142] Kautabakarbeiter-Genossenschaft 1910, Abbildung 20

anderen Firmen lagen. Trotzdem konnte die Genossenschaft Gewinne erzielen und die Firma kontinuierlich ausbauen.

Bild 40: Spinnersaal[143]

Bild 41: Arbeitsraum für Rollen- und Stangenmacher[144]

Bild 42: Vakuumschwärzapparat und Klärraum für Soße[145]

Bild 43: Arbeitsraum für Deckenmacherinnen[146]

7.6 Textilindustrie

Zu Beginn des 19. Jahrhunderts war die Textilverarbeitung in Nordhausen handwerklich geprägt. Im Jahr 1826 verfügte die Stadt über 3 Tuchfabriken mit 32 Handwebstühlen und 29 Webermeister mit 41 Handwebstühlen.[147] Bild 44 (Seite 76) zeigt einen typischen, einfachen Handwebstuhl aus dem Jahr 1850. Webstühle dieser Art wurden seit dem Mittelalter genutzt. Sie befanden sich in der Regel

---

[143] Kautabakarbeiter-Genossenschaft 1910, Abbildung 11
[144] a. a. O., Abbildung 15
[145] a. a. O., Abbildung 13
[146] a. a. O., Abbildung 8
[147] Propp 1935, S. 67

75

im Wohnraum des Webers. Der Weber saß auf einer Holzbank und webte viele Stunden am Tag. Dabei wurde er oft von der ganzen Familie unterstützt.

Bild 44: Handwebstuhl, 1850[148]

Der Nordhäuser Verleger August Schulze betrieb 1845 im Eichsfeld und im Landkreis Nordhausen 2.000 Handwebstühle. Im Altentor errichtete er 1845 eine Färberei und 1851 eine Blaudruckerei.[149]

Die progressive Entwicklung in den folgenden Jahren hat dazu geführt, dass es 1856 in Nordhausen 16 Verleger gab. Sie ließen 4.775 Handwebstühle im Umfeld der Stadt betreiben. Verleger waren Fabrikanten, die den Webern das Garn lieferten, welches nach bestimmten Mustern zu weben war, und die Fertigprodukte vertrieben. Es handelte sich vor allem um baumwollene Webwaren. Die

[148] Handwebstuhl-12671.jpg: CC BY-NC-SA / Dreilandmuseum/Emil Schoppmann/https://nat.museum-digital.de/singleimage?resourcenr=580150, abgerufen am 30.07.2023
[149] Kuhlbrodt u. a. 2003, S. 76

beiden größten Verleger waren damals Arand & Aderhold und August Schulze. Sie beschäftigten jeweils etwa 2.000 Weber in den Kreisen Grafschaft Hohenstein, Worbis und Mühlhausen, weil dort billige Arbeitskräfte zur Verfügung standen. In Nordhausen waren die Geschäftsführung, der Einkauf und Vertrieb beheimatet.[150]
Die Schwierigkeiten bei der Beschaffung von Baumwolle führten dazu, dass man zunehmend Leinengarne verarbeitete. Das hatte eine weitere Verringerung der Webstühle in Nordhausen zur Folge. So soll es im Jahr 1870 etwa 600-700 Webstühle gegeben haben.[151] Mit der Einführung mechanischer Webstühle (Bild 45) verlagerte sich die Produktion wieder nach Nordhausen.

Bild 45: Mechanischer Webstuhl[152]

Der mechanische Webstuhl war eine der wichtigsten Entwicklungen in der frühen Phase der industriellen Revolution. Der erste Maschinenwebstuhl wurde 1785 von Edmund Cartwright gebaut und patentiert. Der Maschinenwebstuhl ermöglichte es, die Webarbeiten schneller und kostengünstiger durchzuführen. Das führte zu niedrigeren Löhnen und teilweise zur Arbeitslosigkeit von Hand-

---

[150] Propp 1935, S. 68
[151] Propp 1935, S. 70
[152] Mechanischer Webstuhl. https://www.konstruktionspraxis.vogel.de/die-entwicklung-des-mechanischen-webstuhls-a-c28616c58097e36f4 ae4b 467d9003e09/, abgerufen am 30.07.023

webern. Die mechanischen Webstühle haben sich in England sehr schnell verbreitet. Schon 1803 gab es dort mehr als 2.400 Webstühle und 1857 etwa eine viertel Million. Auf Grund der einfachen Bedienung der Maschinenwebstühle konnten auch Frauen und Kinder eingesetzt werden, wobei die Arbeitszeit Ende des 18. Jahrhunderts in England 14-16 Stunden am Tag betrug. Erst 1845 wurde die erste mechanische Webmaschine in Deutschland gebaut.[153]

Im Jahr 1851 errichtete die Firma von Johann Friedrich Riemann die erste mechanische Weberei in Nordhausen auf dem Hammerrasen. In dieser Weberei wurden 1854 51 mechanische Webstühle zur Verarbeitung von Baumwolle betrieben. Sie waren aus England importiert worden. Bis 1861 konnte die Zahl der Webstühle auf 102 erhöht werden. Für deren Betrieb waren 106 Arbeiter erforderlich. Die Firma Riemann verbesserte die Veredlung der Textilien und stellte auch als erste Firma in Deutschland appretierte Bettbezüge her. Der steigende Absatz ihrer Produkte führte 1876 dazu, dass 500 Webstühle in Betrieb waren. Die Firma wurde 1807 in eine Aktiengesellschaft umgewandelt, wobei das Gründungskapital 1,2 Mio. Mark betrug.[154]

In den 1850er-Jahren entstand die Firma Dressel & Cohn. Sie verfügte über 244 mechanische Webstühle und beschäftigte 163 Arbeiter.[155]

Im Jahr 1895 wurden ca. 1.900 Webstühle in Nordhausen betrieben. Ein großer Teil der Erzeugnisse wurde nach Indien, Brasilien und Australien exportiert.

Mit der Jahrhundertwende begann ein Rückgang der Baumwollweberei in Nordhausen. 1912 gab es nur noch 2 Baumwollwebereien in der Stadt.[156] Ursache für den Rückgang der Textilindustrie war u. a. das Aufkommen neuer Industriezweige, die dazu führten, dass die Stadt die erforderlichen Arbeitskostenvorteile nicht mehr bieten konnte. Gleichzeitig mit dem Rückgang der Weberei gewinnt das Konfektionsgewerbe jedoch an Bedeutung, wobei die

---

[153] Webmaschine. https://de.wikipedia.org/wiki/Webmaschine, abgerufen am 08.08.2024
[154] Kuhlbrodt u. a. 2003, S. 124, S. 205
[155] Kuhlbrodt u. a. 2003, S. 92
[156] Propp 1935, S. 88

Herstellung von Wäsche und Schürzen im Mittelpunkt stand. Ein Beispiel ist die Gründung der Schürzenfabrik Bahlmann & Becker im Jahr 1911.

7.7 Tapetenindustrie

Die Herstellung von Tapeten hat eine lange Geschichte. Im 16. Jahrhundert wurden handbemalte chinesische Papiertapeten von der Ostindischen Handelskompanie nach Europa gebracht.[157] Aufgrund des großen Interesses und des Absatzes dieser Tapeten wurde in England und Frankreich mit der eigenen Herstellung von Papiertapeten begonnen. Die ersten Hersteller von Papiertapeten in Deutschland waren:

- 1758: Baron von Reisewitz produzierte in Rheinsberg Papiertapeten unter Nutzung hölzerner Druckformen und Isaak Levin Joel hatte im Schloss Glienicke bei Potsdam eine Manufaktur zur Herstellung von Tapeten eröffnet. Er stellte handbemalte und gedruckte Wachstapeten vor allem für den Adel her.
- Um 1760: Johann Hautsch gründete eine Tapetenfabrik in Nürnberg.
- 1780: Johann Christian Arnold eröffnete in Kassel die erste bedeutende Manufaktur zur Herstellung von Papiertapeten. 1803 und 1830 wurden Zweigbetriebe in Magdeburg und Berlin gegründet.[158]

Die Herstellung der Tapeten war anfänglich handwerklich geprägt. Bild 46 (Seite 80) gibt einen Einblick in die damalige Arbeitsweise. Da man lange Papierbahnen noch nicht herstellen konnte, musste man die gewünschte Länge der Bahnen durch Verkleben der einzelnen Papierstücke erzeugen. Das Bedrucken der Tapete erfolgte mithilfe des Leimdrucks, d. h., die Muster wurden mit leimgebundenen Farben auf das Tapetenpapier aufgebracht.
Die industrielle Herstellung von Tapeten wurde aber erst nach der Erfindung der Langsiebpapiermaschine zur Herstellung von Endlospapier möglich.

---

[157] Tapete. https://de.wikipedia.org/wiki/Tapete, abgerufen am 31.07.2023
[158] Schmidt-Bachern, Heinz: Aus Papier. Eine Kultur- und Wirtschaftsgeschichte der papierverarbeitenden Industrie in Deutschland. Walter de Gruyter GmbH, Berlin/Boston, 2011, S. 703

Bild 46: Blockdrucktisch zur Herstellung von Tapeten, 1876[159]

Die Langsiebpapiermaschine wurde 1799 durch Nicholas-Louis Robert erfunden und patentiert.[160] Diese Erfindung führte zu einer sprunghaften Effektivitätssteigerung in der Papierindustrie. Weitere Konstruktionsformen sind die Rundsiebpapiermaschine (1805 erfunden) und die Bogenschöpfmaschine (1881 erfunden). Die Langsiebpapiermaschine fand um 1830 auch bei der Herstellung von Tapetendruckmaschinen Anwendung.

Bild 47 (Seite 81) zeigt eine englische 6-Farb-Tapeten-Druckmaschine um 1867. Mit ihr konnte die Tapete 6-farbig bedruckt werden. Die ersten Maschinen für den mehrfarbigen Tapetendruck in Deutschland wurden um 1859 bei den Fabrikanten Flammersheim in Köln und Hochstätter in Darmstadt in Betrieb genommen. Mit diesen Tapetendruckmaschinen wurden damals bis zu 2.000 Rollen am Tag produziert.[161]

---

[159] Blockdrucktisch, Illustration von Louis Figuier, 1876. https://www.museepa pierpeint org./de/1638-2/kleine-geschichte-tapeten, abgerufen am 28.07.2023

[160] Papiermaschine. https://de.wikipedia.org/wiki/Papiermaschine, abgerufen am 05.08.2023

[161] Deutsche Tapeten. https://www.dekowiki.de/begriff/6363/Deutsche+Tapeten, abgerufen am 28.07.2023

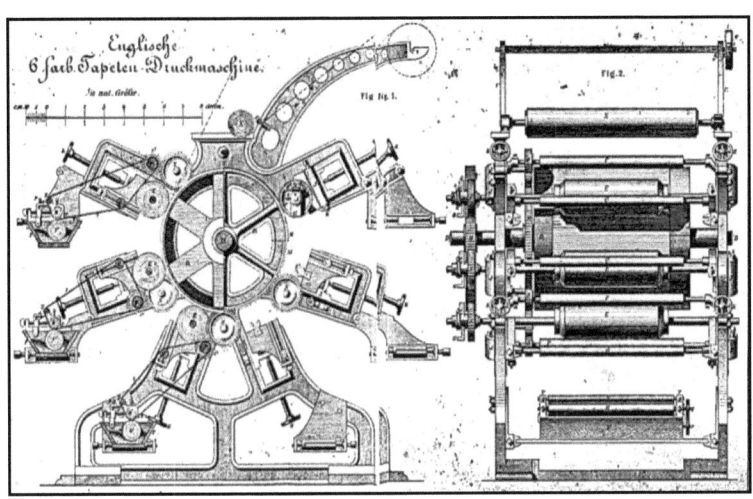

Bild 47: Englische 6-Farb-Tapeten-Druckmaschine, um 1867[162]

Johann Becker, gelernter Uhrmacher aus Mainz, kam 1792 mit seiner Frau und seinem Sohn nach Nordhausen und gründete ein Uhrengeschäft. Sein Sohn sollte ebenfalls Uhrmacher werden und wurde zur Ausbildung nach Paris, einem damaligen Zentrum der Uhrenfabrikation, geschickt. Dort lernte er auch französische Tapeten kennen. Frankreich war zu dieser Zeit führend bei der Herstellung von Rollenpapiertapeten in Europa. Diese Anregung griff Johann Becker später auf und begann ab 1812 mit französischen Papiertapeten zu handeln. Da das Interesse an diesen Tapeten groß, der Verkauf erfolgreich und der Handel mit hohem Eingangszoll, Steuern und Frachtkosten belastet war, entschloss er sich 1825 solche Tapeten selbst herzustellen. Es handelte sich dabei um eine sehr anspruchsvolle Zielstellung, denn die französischen Tapetenhersteller hielten ihre Farb-, Leim- und Papierrezepturen geheim. Er musste eigene Lösungen für das effektive Zusammenkleben der Papierstücke zu Rollen, die Zubereitung der Farben und das Mischungsverhältnis von Leim und Farben finden. Johann

---

[162] Exner, W. F.: Atlas zur Tapeten- und Buntpapier Industrie, 1869.
https://play.google.com/books/reder?id=b9giRFk2HuwC&pg=GBS.
PP4&hl=de, abgerufen am 04.08.2023

Becker betätigte sich nicht nur als Musterzeichner, Formstecher und Drucker, sondern auch als Konstrukteur für Geräte zur Tapetenherstellung. Diese war damals in Deutschland Neuland. Im Jahr 1827 konnte er in einem Inserat mitteilen, dass er jetzt auch selbst hergestellte Tapeten anbieten könne. Im Unternehmen arbeitete zunächst nur die Familie. Da ausreichend Bedarf vorhanden war, richtete Johann Becker 1831 in der Straße Vor dem Vogel einen Arbeitssaal ein, in dem 4 Handdrucker und Hilfsarbeiter Papiertapeten herstellten. Becker verbesserte die Arbeitsweise und die mechanischen Geräte kontinuierlich. So soll er z. B. einen Drucktisch mit doppeltem Hebel konstruiert haben.

Aufgrund der großen Nachfrage wurde die Manufaktur in die Rautenstraße 318 verlagert und erweitert. Schon 1838 waren dort 30 Arbeiter und mehrere Formstecher tätig.

In dieser Zeit erfand Johann Becker auch eine Walzendruckmaschine. Diese Maschine bestand nur aus Holz. Da das Holz schnell Risse bekam, war sie für den Dauerbetrieb nicht geeignet. Das Prinzip des Druckens mit Walzen hat sich später jedoch durchgesetzt.

Johannes Becker starb mit 63 Jahren am 4. April 1841. Nun übernahmen seine Witwe und sein Sohn Franz die Leitung der Fabrik. Das beachtliche Tapetensortiment konnten sie aufgrund der guten Qualität der Tapeten auf der Berliner Gewerbeausstellung 1844 ausstellen.[163] Es gab eine stetige Aufwärtsentwicklung der Firma. Gründe waren der weiterhin steigende Bedarf und die wachsenden technischen Möglichkeiten.

Im Jahr 1852 ging die Fabrik dann an die Söhne Franz und August Becker über. Sie verlagerten den Standort 1857 in den Pferdemarkt Nr. 579 (Ilfelder Hof), wo sie zunächst 91 Arbeiter und 15 Handdrucker beschäftigten.[164] Die Zahl der Handdrucker wurde 1862 auf 36 Handdrucker erweitert.[165]

Bild 48 zeigt ein Model der Firma Becker für den Handdruck von Tapeten. Ein Beispiel für die von der Firma Becker verwendeten

---

[163] Grönke 2018, S. 50-56
[164] Veit, Markus. Von der Nordhäuser Scherfmühle zum Industriedenkmal. Verlag Iffland, Nordhausen, 1999, S. 18
[165] Heineck 1927, S. 108

Druckrollen zur Tapetenherstellung ist auf Bild 49 zu sehen.

 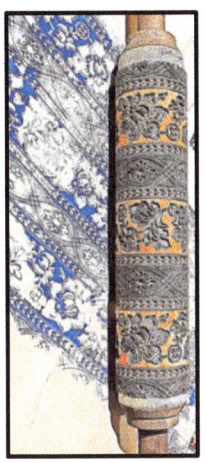

Bild 48: Model der Firma Becker für den Handdruck von Tapeten[166] (Foto: Hans-Jürgen Reinhardt)

Bild 49: Rolle für Tapetendruckmaschine und gedrucktes Muster der Firma Becker[167] (Foto: Hans-Jürgen Reinhardt)

Im Jahr 1863 wurde die Fabrik in das Altentor 7 verlagert, wo größere Gebäude und Gelände gekauft worden waren. Auf diesem Gelände errichtete die Firma Becker 1864 die neue Tapetenfabrik. Es war ein zweieinhalbgeschossiger Fachwerkbau (Bild 50, Seite 84). Da dieser Standort am Mühlgraben lag, war es möglich, neben der Dampfkraft die Wasserkraft zum Betreiben der Maschinen und Anlagen zu nutzen.

Im Zusammenhang mit der Einrichtung der neuen Fabrik wurde mit der Maschinenfabrik Julius Fischer, die sich auf die Herstellung von Tapetendruckmaschinen konzentriert hatte, zusammengearbeitet.[168]

---

[166] Model der Firma Becker für den Handdruck, Museum Tabakspeicher Nordhausen, 2023
[167] Rolle für Tapetendruckmaschine und gedrucktes Muster, Museum Tabakspeicher Nordhausen, 2024
[168] Grönke 2018, S. 60

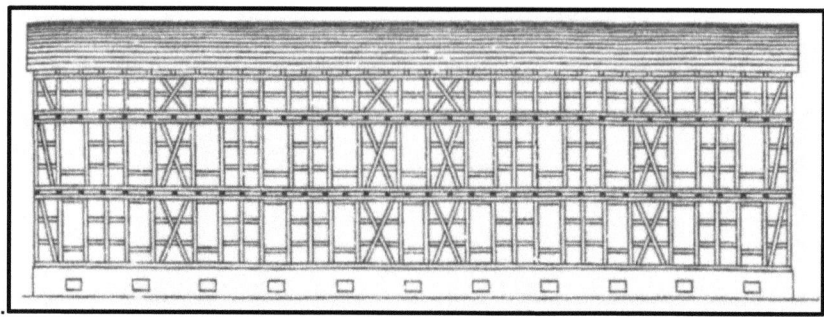

Bild 50: Bauzeichnung der Westfassade des neuen
Tapetenfabrikgebäudes[169]

Im Jahr 1870 besaß die Firma einen umfangreichen, modernen
Maschinenpark, dazu gehörten z. B.:

- 12-Farben-Druckmaschine mit Trockenapparat,
- 2 Stück 4-Farben-Druckmaschinen,
- 2 Messmaschinen,
- 2 Satiniermaschinen,
- 4 Wickelmaschinen zum Wickeln der großen Rollen,
- 2 Grundiermaschinen mit Trockenapparat und Selbstauf-
hängung der Stücke,
- Anfeuchtmaschine,
- 4-Farben–Perrotine mit Trockenapparat (Blockdruckma-
schine),
- Kalander zum Glätten des Goldes und Feinsatinieren,
- Gaufriermaschine zum Pressen von Mustern ins Papier
mittels gravierter Stahlwalze,
- 4 Reib- und Quetschmaschinen,
- Schlemmapparat,
- Kalkaufbereitungsapparat,
- Vergoldungsapparat,
- 30 Drucktische.[170]

---

[169] Veit 1999, S. 20
[170] Grönke 2018, S. 59

84

Die meisten Maschinen mussten aus England bezogen werden. Durch die Einführung dieser Maschinen konnte die Firma Becker ihre Leistung etwa verzehnfachen.[171] Diese Leistungssteigerung macht deutlich, welche gravierenden Veränderungen sich Mitte des 19. Jahrhunderts auch bei der Tapetenproduktion in Deutschland vollzogen haben. Die Firma Becker lieferte Tapeten ins gesamte Reichsgebiet und in alle Länder des europäischen Kontinents.

Am 01.09.1871, nach dem Tod von Franz Becker, wurde das Unternehmen in eine Aktiengesellschaft mit dem Namen „Aktiengesellschaft für Tapetenfabrikation zu Nordhausen" überführt, wobei das Stammkapital 1.050.000 Reichsmark betrug. Fabrikdirektor wurde August Becker, den 1875 Carl Becker ablöste.[172] Die erfolgreiche Entwicklung der Aktiengesellschaft von 1871 bis 1884 verdeutlichen die Zahlen in der Tabelle 11.

Jahr	Mitarbeiter	Rollen Tapete	Umsatz in M
1871	200	2.000.000	
1875	200	1.400.000	740.000
1878	200	1.452.700	691.855
1880	200	1.627.800	782.445
1882	230	1.433.000	695.000
1884	220	1.900.000	753.700

Tabelle 11: Mitarbeiter, erzeugte Tapetenrollen und Umsatz der Aktiengesellschaft von 1871 bis 1884[173]

Die progressive Entwicklung des Absatzes erforderte auch mehrere bauliche Erweiterungen. Es entstanden neue Fabrikgebäude, ein Fabrikschornstein und ein Bürogebäude. Bild 51 (Seite 86) zeigt das Hauptgebäude der Fabrik zu dieser Zeit.

---

[171] Grönke 2018, S. 60
[172] Grönke 2018, S. 62
[173] Veit 1999, S. 22

Bild 51: Hauptgebäude der Tapetenfabrik Becker[174]

Ende des 19. und Anfang des 20. Jahrhunderts gab es zunehmend Exportschwierigkeiten aufgrund hoher Einfuhrzölle. Aber auch der Absatz im Inland verschlechterte sich. Weiterhin erhöhten sich die Kosten aufgrund gestiegener Löhne, höherer Ausgaben für das Heizmaterial sowie der Umsatzprämie, die von dem Verein Deutscher Tapetenfabriken 1905 eingeführt wurde. Andererseits sanken die Preise für die Tapeten. Man war gezwungen die Zahl der Arbeiter zu reduzieren. 1906 gab es noch 100 Arbeiter in der Firma. Trotzdem wurde das Jahr 1907 mit Verlust abgeschlossen. Walter Günther löste Carl Becker in diesem Jahr als Fabrikdirektor ab. Da die Firma auch in den Folgejahren Verluste machte, ging man 1910 in Liquidation und beendete die Tapetenproduktion in Nordhausen.[175]

7.8 Maschinenbau
7.8.1 Übersicht und Bedeutung für Nordhausen
Der Maschinenbau spielte in Nordhausen bis zur Mitte des 19. Jahrhunderts keine große Rolle, weil der Maschinenbedarf der dominierenden Industriezweige gering war. Die Branntweinindustrie benötigte z. B. 1860 nur 5 Kupferschmieden und 3 Gelbgießereien. Die Tabakindustrie setzte vor allem auf Handarbeit. Lediglich

---

[174] Tapetenfabrik Becker. https://nordhausenwiki.de/wiki/Datei:Tapetenfabrik_Becker_Nordhausen.jpg, abgerufen am 04.08.2023
[175] Grönke 2018, S. 65

86

Schneide-, Sieb- und Pressmaschinen wurden verwendet. Dampfmaschinen fanden erst ab 1860 in 3 Brennereien und ab 1861 in 4 Tabakbetrieben Anwendung. Die Textilindustrie betrieb 1861 346 mechanische Webstühle und für die Tapetenherstellung wurden englische Druckmaschinen importiert. Für die Inbetriebnahme, Wartung und Reparatur dieser importierten Maschinen brauchte man Schlossermeister. So entwickelte sich das Handwerk und daraus dann der Maschinenbau.[176]

Diese Entwicklung wurde dadurch begünstigt, dass durch den Bau der Eisenbahn Eisen und Kohle einfach bezogen werden konnten und außerdem der Bedarf an Maschinen, z. B. durch den Eisenbahnbau, die Entwicklung der Kaliindustrie und der Gipsindustrie, gestiegen war. Ausdruck dieser Entwicklung sind z. B. die nachfolgenden Firmengründungen:

- 1839: Schlosserei Julius Fischer, später Maschinenfabrik,
- 1841: Maschinenfabrik Oscar Kropff & Co.,
- 1863: Eisengießerei Thelen und Weydemeyer,
- 1885: Schmidt, Kranz & Co.,
- 1905: Firma Gerlach & König,
- 1907 Montania.[177]

Die erfolgreiche Entwicklung des Maschinenbaus spiegeln auch die folgenden Zahlen aus dem Jahr 1913 wider:

- 1 Betrieb mit 204 Arbeitskräften,
- 1 Betrieb mit 194 Arbeitskräften,
- 1 Betrieb mit 193 Arbeitskräften,
- 1 Betrieb mit 119 Arbeitskräften,
- 5 Betriebe mit 50-100 Arbeitskräften.

Vom Jahr 1882 bis 1913 war die Zahl der Arbeitskräfte in der Industrie des Maschinen- und Apparatebaus von 151 auf 1.136 Personen gestiegen.[178] Der Maschinen- und Apparatebau wurde zu einer die Stadt prägenden Industrie.

---

[176] Propp 1935, S. 72
[177] Kieber, Horst: Industriestandort – Casseler-Strasse 30 c, 90 Jahre Maschinenbau in Nordhausen. In: Beiträge zur Heimatkunde aus Stadt und Kreis Nordhausen, 20 (1995) S. 40-41
[178] Propp 1935, S. 98

7.8.2 Maschinenfabrik Oscar Kropff & Co.

Im Jahr 1841 hat sich der Kupfer- und Messingschmied Oscar Kropff an der Unteren Johannistreppe niedergelassen. Er begann mit zwei Arbeitern, erweiterte jedoch schnell seinen Betrieb um eine Schlosserei und eine Dreherei. Später kamen dann eine Eisengießerei mit einem Kupolofen und eine Kesselschmiede hinzu.[179] Bild 52 zeigt das ehemalige Bürogebäude der Firma Kropff.

Bild 52: Ehemaliges Bürogebäude der Firma Kropff, 2024
(Foto: Hans-Jürgen Reinhardt)

Hinter dem Bürogebäude befanden sich die Werkstätten. Heute ist es ein Wohnhaus mit Garten.

Das Produktionssortiment wurde kontinuierlich ausgebaut. Die Firma stellte Eis- und Kälteerzeugungsmaschinen, Filtrierapparate und Spezialbehälter für Brauereien und Brennereien sowie Hand- und fahrbare Feuerspritzen her. Es entstand aus dem Handwerksbetrieb zunächst die Maschinenfabrik Oscar Kropff & Co. und 1871

---

[179] Kieber, Horst: Die Nordhäuser Metallverarbeitende Industrie – eine Betrachtung der NORMAG. In: Beiträge zur Heimatkunde aus Stadt und Kreis Nordhausen. 23, 1998, S. 130-131

eine der ersten Aktiengesellschaften in Nordhausen.[180]
Besonders erfolgreich war die Firma bei der Herstellung und dem
Vertrieb von Eismaschinen auf der Grundlage der Absorptionskältemaschine von Ferdinand Carré (1824-1900). Ferdinand Carré
war ein französischer Ingenieur, der am 24. August 1859 ein
grundlegendes Patent zur Absorptionskältemaschine mit Ammoniak einreichte.
Diese Absorptionskältemaschine (Bild 53) wurde in Deutschland
von den Firmen Vaas und Littmann sowie Wegelin und Hübner in
Halle und Oscar Kropff in Nordhausen übernommen und teilweise
verbessert.[181]

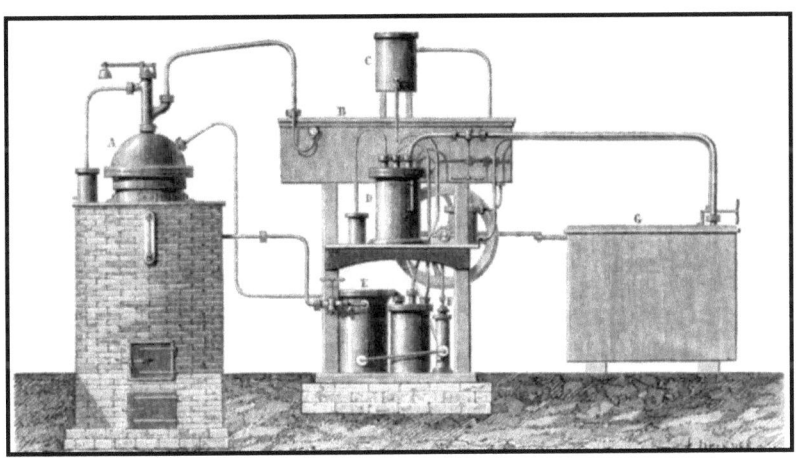

Bild 53: Absorptionskältemaschine mit Ammoniak von Ferdinand
Carré[182]

Oscar Kropff hat darüber hinaus ein interessantes Buch mit dem
Titel „Der praktische Mineralwasser-Fabrikant" für seine Ge-
schäftsfreunde geschrieben. Bild 54 (Seite 90) zeigt das Deckblatt
des Buches.

---

[180] Kieber 1998, S. 131
[181] Kältemaschinen. Schweizerische Bauzeitung, 73. Jahrgang, Nr. 49, S. 763
[182] Carré Eismaschine. Auguste Jahandier. https://gallica.bnf.fr/ark:/12148/
bpt6k9601400z/f273.item.zoom#, gemeinfrei. https://commons.wikimedia.org/w/
index.php?curid=1715466, abgerufen am 04.12.2023

Bild 54: Deckblatt zum Buch
„Der praktische Mineralwasser-Fabrikant", 1870[183]

Das Anliegen seiner Veröffentlichung beschreibt Oscar Kropff im Vorwort wie folgt: „[...] eine Zusammenstellung selbst gemachter Erfahrungen aus eigener Maschinenfabrik und Mineralwasseranstalt vorzulegen, und auf die wirklich praktischen und vielfach bewährten Apparate und die Einrichtungen aus unserer Fabrik hinzuweisen [...]"[184] Er erläutert in dem Buch nicht nur die Funktionsweise einer Vielzahl von Apparaten, die für die Getränkeindustrie entwickelt wurden, sondern vergleicht sie auch mit französischen Apparaten und beschreibt ausführlich eine Vielzahl an Rezepturen, z. B. zur Herstellung von Limonadenextrakten und Eiscreme.

---

[183] Kropff 1870, Deckblatt
[184] Kropff, Oscar: Der praktische Mineralwasser-Fabrikant. Druck von Berglein und Limbach, Braunschweig, 1870, Vorwort

In diesem Buch ist auch ein Bild seiner Eismaschine (Bild 55) enthalten. Man erkennt die Ähnlichkeiten zur Maschine von Ferdinand Carré (Bild 53, Seite 89).
Die Leistung seiner Eismaschinen erstreckte sich zunächst von 25 kg Eis/h bis 250 kg Eis/h. Später wurde die Leistung der Eismaschinen bis auf 500 kg Eis/h bzw. 1.000 kg Eis/h gesteigert.

Bild 55: Eismaschine von der Firma Oscar Kropff[185]

Oscar Kropff erklärt die Funktion der in Bild 55 abgebildeten Eismaschine folgendermaßen: „Nebenstehende Zeichnung stellt die Maschine bildlich dar, links ist ein gemauerter Kessel, welcher zur Hälfte mit konzentriertem Salmiakgeist gefüllt ist. Rechts ist der sogenannte Eisbildner mit einer Chlorcalciumlösung angefüllt. In der Mitte der eigentliche Apparat zur Kondensation der Ammoniakgase und Bildung von Salmiakgeist, durch Abkühlung und Wiederbenutzung desselben. Der Betrieb der Eismaschine geschieht durch Wärme, indem sich durch Verdunstung des Salmiakgeistes ein Druck von 8 at bis 10 at bildet und durch diesen Druck und Abkühlung die durch Wärme abgeschiedenen Ammoniakgase sich

---

[185] Kropff 1870, S. 104

verdichten und flüssig werden, in dieser Eigenschaft bleiben, solange der Druck obwaltet. Leitet man nun diesen gebildeten Ammoniakäther in den Eisbildner, wo kein Druck vorhanden ist, so verdunstet die Flüssigkeit und wird Gas, wodurch Kälte entsteht, die sich durch die Röhren der Chlorcalciumlösung mitteilt, und zwar erzeugt dies sehr tiefe Kältegrade, selbst bis 25 °C unter Null. Hängt man nun Blechkästen in die Chlorcalciumlösung, welche zuvor mit reinem Wasser gefüllt waren, so bilden sich sofort Eisplatten. Das benutzte kälteerzeugende Gas entweicht vom Eisbildner nach dem auf dem Stativ stehenden Gefäß, wo es sich mit dem vom Kessel zurückgebliebenen und in den Kühlgefäßen abgekühlten schwachen Salmiakgeist zu starkem Salmiakgeist umwandelt, und durch die Pumpe nach dem Kessel zurückgetrieben wird, um von Neuem zu dienen. Es findet also eine fortwährende Circulation des Salmiakgeistes statt, und von welchem nur wenig verbraucht wird, und zwar wird zu 20 Ztr. Eis nur 1 Pfd. Salmiakgeist erforderlich, welcher von Zeit zu Zeit zugesetzt wird. Der Verbrauch an Kohle zur Heizung des Kessels ist ebenfalls sehr gering, denn man kann mit 1 Liter Kohle 10 Liter Eis erzeugen."[186]

Für diese Eismaschine erhielt Oscar Kropff im Jahr 1880 bei der Weltausstellung in Wien eine Goldmedaille.[187]

Im Jahr 1875 erzielte die Firma einen Umsatz von 290.285 M mit folgenden Produkten:

- 11 großen kontinuierlich arbeitenden Eismaschinen,
- 20 kleinen intermittierenden Eismaschinen,
- 4 Bierwürze-Kühlapparaten für Bierbrauer,
- 41 Mineralwasser-Apparaten,
- 10 Hilfsapparaten für Mineralwasser-Apparate,
- 7 Selbstentwicklern.[188]

Der Mineralwasser-Apparat neuester Konstruktion ohne Gasometer (Bild 56, Seite 93) fand ebenfalls breite Anerkennung und wurde 1867 aufgrund seiner Leistungsfähigkeit in der Weltausstellung in

---

[186] Kropff 1870, S. 13, S. 105
[187] Oskar Kropff. https://nordhausen-wiki.de/wiki/Oskar_Kropff, abgerufen am 05.12.2023
[188] Reinhardt-Hormuth, Ludwig: Chronik der Stadt und des Postamtes Nordhausen. Commission bei Theodor Müller, Nordhausen, 1876, S. 73

Paris prämiert.

Bild 56: Mineralwasser-Apparat neuester Konstruktion ohne
Gasometer, System Oscar Kropff[189]

Oscar Kropff setzte sich auch für die Entwicklung des geistig-kul-
turellen Lebens der Stadt ein. So unterstützte er die Gründung des
Männerbildungsvereins 1863 sowie den Aufbau der Kunst- und
Gewerbeschule 1869 in Nordhausen.
Nach dem Tod von Oscar Kropff im Jahr 1883 übernahm sein Sohn
die Firma. Er engagierte sich für die Weiterentwicklung der Produkte. So meldete Oscar Kropff Junior 1880 ein Patent zum Thema
„Neuerungen an Ammoniak-Eismaschinen" (Patentschrift Nr.
11732) und ein weiteres Patent zum Thema „Klareisapparat" (Patentschrift Nr. 28230) im Jahr 1884 an. Beide Patente wurden erteilt.
Aufgrund von Konstruktions- und Managementfehlern verschul-
dete sich die Firma und nahm ein Darlehen über 35.000 Mark von
der Fa. F. W. Wolfram auf. Trotzdem musste Konkurs angemeldet
werden. Die Konkursmasse wurde 1885 von der Firma Schmidt,
Kranz & Co. übernommen.[190]

---

[189] Kropff 1870, S. 13
[190] Oskar Kropff. https://nordhausen-wiki.de/wiki/Oskar_Kropff, abgerufen
05.12.2023

7.8.3 Firma Schmidt, Kranz & Co.

Die Firma Schmidt & Kranz & Co. wurde 1885 als Kommanditge-
sellschaft gegründet. Sie erwarb die Oscar Kropff'sche Firma aus
der Konkursmasse, modernisierte sie und setzte u. a. die Produktion von Eismaschinen fort. Nachdem der Absatz der Eismaschinen stagnierte und die Konkurrenz mit Kompressionsmaschinen
erfolgreicher war, konzentrierte sich das Unternehmen zunehmend
auf die Herstellung von Aufzügen mit hydraulischem bzw. elektrischem Antrieb. Ab 1887 wurden Präzisions-Sicherheitsfahrstühle
hergestellt. Für diese erhielt die Firma 1888 auf der Weltausstellung in Brüssel eine Goldmedaille. Im Jahr 1888 wurden folgende
Produkte hergestellt: 15 Eismaschinen, 22 Mineralwasser- und
Champagner-Apparate, 35 Dampf- und Heizkessel, 31 Fahrstuhl-
anlagen und 156 000 kg Gusswaren.[191]
Die weitere Entwicklung der Firma zeigt die folgende Übersicht:

1892: Übernahme der Firma Graßmann,

1893: Verlagerung der Produktionsstätte vom Johannishof
in die Ullrichstraße, Neubau der Kesselschmiede und des
Lagers, Aufzugsbau wurde zum Hauptprogramm
(hydraulische Aufzüge, Dampf- und Handaufzüge),

1894: Ausstellung von 2 Dampfmaschinen von 20 PS und 40 PS
zur Stromerzeugung auf der Thüringer Industrie- und Gewerbeausstellung in Erfurt, Silbermedaille erhalten,

1896: Bau der ersten elektrischen Schachtfördermaschine in Zusammenarbeit mit der Firma Siemens-Halske,

1903: Entwicklung und Bau der ersten Streckenvortriebs-
maschine,

1906: Bau und Einzug in das Verwaltungsgebäude,

1906: Umwandlung der Firma in die Aktiengesellschaft „Schmidt,
Kranz @ Co., Nordhäuser Maschinenfabrik Aktiengesellschaft",

1908: Erweiterung Kesselschmiede, Neubau des Maschinen-
hauses,

1909: Einstieg in den Eisenwasserbau, z. B. Antriebe für
Schleusen- und Wehranlagen,

---

[191] Kieber 1995, S. 133

1912: Errichtung einer großen Montagehalle.[192,193]
Die Zunahme der Zahl der Arbeitskräfte von 1885 bis 1905 macht die erfolgreiche Entwicklung deutlich:

- 1885: 45 Mitarbeiter,
- 1886: 71 Mitarbeiter,
- 1892: 225 Mitarbeiter,
- 1905: 350 Mitarbeiter.[194]

Der Umsatz der Firma bewegte sich in der Zeit von 1893 bis 1899 zwischen 383.000 M und 843.000 M. Er wurde jährlich gesteigert. Ein Rückgang der Konjunktur führte allerdings in den Jahren 1900 und 1909 zu Verlusten und Entlassungen.

Der Bedarf des sich in Deutschland entwickelnden Bergbaus und insbesondere der Kaliindustrie im Umfeld von Nordhausen führte zu einem Produktionssortiment an Bergwerksmaschinen. Dazu gehörten: Fördermaschinen, Förderkörbe, Seilscheiben, Seilwinden, Schrapper und Streckenvortriebsmaschinen. So stellte Schmidt, Kranz & Co. z. B. Zwei-Trommel-Fördermaschinen unterschiedlicher Größe her.[195] Sie dienten zur Beförderung von Bergleuten und Material in den verschiedensten Bergwerken. Die Hauptbestandteile dieser Fördermaschinen waren: Seilträger, Antriebsmaschine, Bremseinrichtung, Steuer- und Regeleinrichtung sowie ein Bedienstand. Diese komplexe Fördermaschine entstand nach Einführung der Dampfmaschine. Bis zum Ende des 19. Jahrhunderts wurden Dampfmaschinen zum Antrieb eingesetzt. Bild 57 (Seite 96) zeigt eine Schachtfördermaschine mit Dampfantrieb aus dem Jahr 1897. Die erste Schacht-Fördermaschine mit Elektroantrieb wurde für das Kaliwerk „Gewerkschaft Thiederhall" bei Salzgitter im Jahr 1896 hergestellt.[196] Den Elektroantrieb lieferte die Firma Siemens & Halske. Thiederhall war das erste Kaliwerk im damaligen Herzogtum Braunschweig. Es wurde von 1872 bis 1924 betrieben.

---

[192] Bosse, Karl-Heinz: Maschinenbau Schmidt, Kranz & Co. und Norma GmbH Nordhausen. In: „Zur Industriegeschichte im Südharz", Lukas Verlag, Berlin und Wernigerode, 2016, S. 371-372
[193] Kieber 1995, S. 134
[194] Bosse 2016, S. 372
[195] Bosse 2016, S. 378
[196] Bosse 2016, S. 383

Bild 57: Schacht-Fördermaschine mit Dampfantrieb[197], 1897

Bild 58 zeigt eine Fördermaschine mit elektrischem Antrieb von 1902, die auf der Zeche Zöllern im Einsatz war.

Bild 58: Elektrische Schachtfördermaschine[198], 1902

---

[197] Schacht-Fördermaschine mit Dampfantrieb. https://de.wikipedia.org/wiki/
Trommelf%C3%B6rdermaschine#/media/Datei:Double_drum_reversible_
hoisting_engine_(New_Catechism_of_the_Steam_Engine,_1904).jpg,
abgerufen am 09.03.2024
[198] Elektrische Schachtfördermaschine. https://zeche-zollern.lwl.org/de/
geschichte/, abgerufen am 09.03.2024

Die Welle des Elektromotors ist in diesem Fall direkt mit der Seilscheibe oder Seiltrommel verbunden. Dadurch ist der maschinentechnische Aufwand im Vergleich zu einem Dampfantrieb geringer und die Maschine kann einfacher geregelt werden.
Die Firma Schmidt, Kranz & Co. hat auch Stahlbauarbeiten durchgeführt, z. B. erbaute sie auf dem Poppenberg, nahe Ilfeld, einen Aussichtsturm (Bild 59).

Bild 59: Aussichtsturm auf dem Poppenberg, 2024
(Foto: Jens Holzhause)

Die Stahlkonstruktion ist 33 m hoch und besitzt zwei Rundlaufplattformen. Der Besucher hat einen schönen Blick über den Südharz und in die Goldene Aue.

Um 1910 wurde das Produktionssortiment um den sogenannten „Eisenwasserbau" erweitert, z. B. durch die Fertigung von Schleusentoren und Wehranlagen sowie entsprechenden maschinellen Antrieben. Die Firma war erfolgreich, weil sie das Produktionsprofil kontinuierlich den Anforderungen des Marktes angepasst hat.

Der Betrieb wurde 1946 enteignet und 1949 in einen volkseigenen Betrieb umgewandelt. Die ehemaligen Besitzer der Firma in Nordhausen, Familie Glinz, baute ab 1945 in Zorge/Südharz das Unternehmen unter dem Namen Schmidt, Kranz @ Co. GmbH neu auf.

Im Rahmen der Wiedervereinigung kaufte Schmidt, Kranz & Co. 1990 das Stammwerk in Nordhausen zurück und siedelte dort das Tochterunternehmen Maximator an, welches auf die Gebiete Hochdrucktechnik, Pneumatik und Prüftechnik spezialisiert ist.[199]

7.8.4 Eisengießerei Thelen & Weydemeyer

Die Eisengießerei Thelen & Weydemeyer wurde 1863 gegründet und 1865 umbenannt in Eisengießerei Raven & Weydemeyer. Die Firma stellte vor allem Hartguss her.

1872 wurde daraus die „Harzer Aktiengesellschaft für Eisenbahnbedarf, Hartguss und Brückenbau".[200] Das Gründungskapital betrug 1,5 Millionen Mark. In diesem Betrieb stellten 1874 etwa 200 bis 230 Mitarbeiter 1.801.000 kg Gusswaren her und verarbeiteten 460.000 kg Blech, z. B. für Kessel und Brücken. Die Einnahmen betrugen 1875:

- 482.654 M für Erdtransportwagen, Achsen, Räder usw.,
- 86.070 M für Herzstücke (Teile einer Eisenbahnweiche),
- 54.000 M für 4 Tenderlokomotiven,
- 253.641 M für Dampfmaschinen, Gusswaren.[201]

Etwa 230 Mitarbeiter erarbeiteten also insgesamt 876.365 M im Jahr 1875. Die Rohmaterialien und Kohlen wurden aus Westfalen, Sachsen und Böhmen bezogen.

---

[199] Bosse 2016, S. 405
[200] Kieber 1998, S. 133
[201] Reinhard-Hormuth 1876, S. 73

Die Firma war an der Errichtung der Bahnsteigüberdachung des Bahnhofes Nordhausen im Jahr 1880 beteiligt. Das Bild 60 zeigt die Säulen für die Überdachung und Bild 61 eine Verstrebung zwischen 2 Säulen.

Bild 60: Bahnsteig-
überdachung, 2018
(Foto: Hans-Jürgen
Reinhardt)

Bild 61: Verstrebung der
Bahnsteigüberdachung, 2018
(Foto: Hans-Jürgen Reinhardt)

Die Firma wurde später in „Nordhäuser Maschinenfabrik und Eisengießerei Ludolf Grassmann " umbenannt.[202] Der neue Eigentümer L. Grassmann hat das Profil der Firma erweitert und schutzrechtlich abgesichert. So hat er zum Beispiel ein Patent für einen Apparat zum Abscheiden von Flüssigkeiten (Patentschrift Nr. 45501) 1888 angemeldet. L. Grassmann beschäftigte 1888/1889 85 Arbeiter, wobei die Arbeitszeit neun Stunden betrug. Die Firma von Grassmann wurde 1892 von Schmidt, Kranz & Co. übernommen, weil sie Schwierigkeiten bei der Akquisition von Aufträgen hatte.[203]

---

[202] Kuhlbrodt u. a. 2003, S. 119
[203] Kieber 1998, S. 133

7.8.5 Firma Gerlach & König

Im Jahr 1905 gründeten der Fabrikbesitzer August König und der Rittergutsbesitzer Albert Gerlach die Firma Gerlach & König. Mit 40 Arbeitern begann der Betrieb Geräte für den Bergbau, insbesondere den Kalibergbau zu produzieren. Es wurden Lufthämmer, Drehbohrmaschinen, Bohrhämmer, Kompressoren und pneumatische Stoßbohrmaschinen hergestellt. Der Absatz war gesichert, da sich der Kalibergbau seit 1896 im Umfeld von Nordhausen etabliert hatte und sich ein steigender Bedarf entwickelte.[204]

Die Produktion wurde zunächst um die Herstellung von Rohölmotoren erweitert, wobei z. B. Rohnaphta, Gasöl, Teeröl oder auch Petroleum als Brennstoffe eingesetzt werden konnten. Es handelte sich um stationäre Motoren. Die Leistung dieser Motoren bewegte sich zwischen 4 PS und 10 PS.

Die Firma wurde 1907 in Maschinenfabrik Montania umbenannt und begann in diesem Jahr auch mit dem Bau von Lokomotiven. Als Motoren für die Lokomotiven wurden Ottomotoren mit Abrisszündung und Verdampfungskühlung eingesetzt. Sie hatten eine Leistung von 8 PS bis 30 PS. Als Brennstoff konnte Benzol, Spiritus, Benzin oder Petroleum verwendet werden, wobei die Motoren bezüglich der Verdichtungsverhältnisse an den Brennstoff angepasst werden mussten. Im Jahr 1908 wird die Firma in eine Aktiengesellschaft überführt und heißt nun „Maschinenfabrik Montania AG, vormals Gerlach & König". Die Zahl der Mitarbeiter war bis 1910 auf 55 Arbeiter und 12 Angestellte angestiegen.[205]

Aus der Zusammenarbeit mit Orenstein & Koppel auf dem Gebiet des Vertriebs entwickelte sich 1912 eine Übernahme. Die Firma hieß danach: „Orenstein & Koppel, Arthur Koppel, Maschinenfabrik Montania Nordhausen". Von 1907 bis 1912 wurden in Nordhausen 1.212 Lokomotiven hergestellt.[206]

Beispiele zeigen die Bilder 62 und 63 (Seite 101). Weiterhin wurden auch Zweitakt-Glühkopf-Rohölmotoren für die Kraftstromerzeugung gebaut. Dafür und für die Benzol-Lokomotive erhielt man

---

[204] Kieber 1995, S. 41
[205] Kieber 1995, S. 43
[206] Kieber 1995, S. 44

1912 auf der Brüsseler Weltausstellung Goldmedaillen.[207]

Bild 62: Montania-Motor-
Lokomotive Typ M[208]

Bild 63: Montania-Motor-
Lokomotive Typ H 2 in
zweiachsiger Ausführung[209]

Bild 64 zeigt das Fabrikgelände des Montania-Werkes in Nordhausen im Jahr 1913.

Bild 64: Montania-Werk Nordhausen, 1913[210]

---

[207] Kieber 1995, S. 45
[208] Firmenschrift Orenstein & Koppel. Montania-Motor-Lokomotiven. 1910, S. 3
[209] Orenstein & Koppel 1910, S. 5
[210] Bild Montania Werke Nordhausen. https://de.wikipedia.org/wiki/Datei:
Nordhausen_Montania_AG.jpg, abgerufen am 11.12.2023

Es hatte eine Größe von ca. 19.000 m², wobei die bebaute Fläche rund 4.000 m² betrug. Etwa 400 Arbeitskräfte waren 1913 in der Firma tätig.[211]

Die weiteren Etappen der Entwicklung des Unternehmens waren:

- 1916: Orenstein & Koppel AG Nordhausen,
- 1935: Maschinenbau & Bahnbedarf AG (Enteignung der jüdischen Familie),
- 1945: Zentralwerke / Montania Werk 2 / Triebwerksbau (der Sonderkommission des Ministerrates der UdSSR unterstellt, Nachbau der Raketentriebwerke A 4),
- 1947: Verlagerung der Raketenproduktion nach Russland,
- 1948: VEB IFA Schlepperwerk Nordhausen,
- 1965: VEB IFA Motorenwerke Nordhausen,
- 1990: IFA Motorenwerke Nordhausen GmbH,
- 1997: Liquidation der Firma.[212]

7.8.6 Maschinenfabrik Julius Fischer

Julius Fischer gründete als Schlosser und Schmied im Jahr 1839 einen Handwerksbetrieb und stellte 1840 den ersten Gesellen ein. Es wurden vor allem Reparaturen und Schlosserarbeiten für die damaligen Betriebe in Nordhausen durchgeführt, zum Beispiel für Färbereien, Tabakfabriken, Branntweinbrennereien, Brauereien und Mühlen. Er entwickelte schrittweise ein eigenes Produktionsprogramm. Zunächst wurden Schrauben, Beschläge, Transmissionen, Bolzen usw. hergestellt. Im Jahr 1842 bietet Julius Fischer die Herstellung und Lieferung von Schnellwaagen, Kochherden und Öfen an. Die erste Drehbank erwirbt er 1846. Danach konzentrierte Fischer sich auf die Fertigung kompletter Maschinen, wie z. B. Drehmaschinen und Hobelmaschinen.

Im Jahr 1863 lernte er moderne Tapetendruckmaschinen aus England in der Tapetenfabrik von Becker kennen. Seine Firma hatte die Aufgabe, bei der Montage und Inbetriebnahme zu unterstützen. Es entwickelte sich in den 60er-Jahren eine enge und erfolgreiche

---

[211] Kuhlbrodt u. a. 2003, S. 218
[212] Steinmetz, Werner/Heber, Alfred/Geiger, Wilfried: IFA-Nordhausen – 100 Jahre Geschichte. In: Zur Industriegeschichte im Südharz. Lukas Verlag, Berlin und Wernigerode, 2016, S. 362

Zusammenarbeit zwischen der Firma Becker und der Firma Fischer.

Julius Fischer war sehr ideenreich, was sich u. a. in der Entwicklung eines umfangreichen Produktionssortiments und dem erfolgreichen Export seiner Maschinen ausdrückte. Ab 1869 war sein Sohn Friedrich, der in der Firma seines Vaters gelernt hatte, für die Montage im In- und Ausland verantwortlich. [213, 214]

Julius Fischer sicherte seine Entwicklungen zum Teil durch Patentanmeldungen ab, z. B. meldete er 1902 das Patent auf eine Walzendruckmaschine für Ölfarben-, Tapeten-, Buntpapier-, Glasimitationsdruck und dergleichen (Deutsches Reichspatent Nr. 166186) an.[215] Die weiteren Etappen der Entwicklung des Unternehmens können wie folgt zusammengefasst werden:

- **1865**: Konstruktion, Fertigstellung und Aufbau der ersten Vierfarben-Tapetendruckmaschine mit Hängetrockner und Aufrollmaschine für die Firma Becker,
- **1866**: Herstellung erster Maschinen für die Buntpapierfabrikation,
- **1869**: Verlagerung der Werkstatt in die Töpferhagenstraße 11, Erweiterung des Produktionsprogramms um Maschinen für Tabakfabriken, Brennereien und Druckereien,
- **1886/1887**: Beschäftigung von ca. 40 Arbeitern, wobei die Arbeitszeit 11 Stunden betrug,
- **1870/1871**: Export von Maschinen nach Russland, USA, Indien, Japan, Australien und Afrika,
- **1893**: Verlagerung der Produktion in die Hallesche Straße 8 (Bild 65, Seite 104) auf ein Grundstück mit einer Fläche von 12.000 m², weil die Werkstatt in der Töpferhagenstraße zu klein geworden war,
- **1894:** Übernahme der Firma durch Julius Fischers Sohn Friedrich Anfang des Jahres (Am 24. Juni 1894 verstarb Julius Fischer im Alter von 82 Jahren.),

---

[213] Hellberg, Rainer: Die Maschinenfabrik Julius Fischer. In: Zur Industriegeschichte im Südharz. Lukas Verlag, Berlin und Wernigerode, 2016, S. 121

[214] Kuhlbrodt u. a. 2003, S. 68

[215] Jahrbuch für Photographie und Reproduktionstechnik für das Jahr 1907. Druck und Verlag von Wilhelm Knapp, Halle a. S., 1907, S. 580

Bild 65: Fabrik von Julius Fischer, 1893[216]

- **1900:** Erweiterung der Produktionsfläche um 8.000 m² und Erhöhung der Zahl der Mitarbeiter auf 250 in den letzten Jahren,
- **1907:** Übergabe der Verantwortung für die Firma an den Sohn Fritz Fischer und den Schwager Hermann Rathsfeld.[217, 218]

Nach dem 1. Weltkrieg wurde die Firma weitergeführt. Das Aussehen des Fabrikgeländes um 1927 zeigt Bild 66 (Seite 105).

Um 1880 stellte die Firma Fischer Druckmaschinen her, die mit Dampf- oder Wasserkraft angetrieben wurden. In zehn Stunden konnten mit diesen Maschinen etwa 12.000 Rollen Tapeten produziert werden.[219] Das Produktionssortiment für die Tapetenindustrie war sehr umfangreich: 2- bis 20-Farbendruckmaschinen, 2- bis 8-Ölfarben-Tapetendruckmaschinen, Gaufrier- und Prägemaschinen, Aufhängeapparate, Aufrollmaschinen, Schneidemaschinen, Anfeuchtmaschinen sowie weitere Maschinen für den Tapetendruck.[220]

---

[216] Hellberg 2016, S. 123
[217] Kuhlbrodt u. a. 2003, S. 144
[218] Hellberg 2016, S. 121-124
[219] Schmidt-Bachem, Heinz: Aus Papier. De Gruyter Saur, München, 2011, S. 703
[220] Hellweg 2016, S. 126-127

Bild 66: Fabrikgelände der Firma Julius Fischer, 1926[221]

Besonders erfolgreich war die Firma bei der Herstellung und dem Vertrieb von Tapetendruckmaschinen, was auch aus der Zusammenarbeit mit der Firma Becker (siehe Kapitel 7.7) resultierte. Eine 12-Farben-Tapetendruckmaschine, die wahrscheinlich um 1926 entstanden ist, zeigt das Bild 67.

Bild 67: 12-Farben-Tapeten-Druckmaschine von Julius Fischer[222],
wahrscheinlich um 1926 gebaut

---

[221] Fabrikgelände, Werbefoto von Julius Fischer. In: Magistrat der Stadt Nordhausen 1927, Nordhausen – Die tausendjährige Stadt am Harz. DARI-Verlag, Berlin-Halensee, 1926
[222] 12-Farben-Tapeten-Druckmaschine, Werbefoto von Julius Fischer. In: Magistrat der Stadt Nordhausen: Nordhausen - Die tausendjährige Stadt am Harz. DARI-Verlag, Berlin-Halensee, 1926

Kurz vor Ende des Zweiten Weltkrieges, am 3. und 4. April 1945, wurde die Fabrik durch englische Bomberverbände zerstört.

7.9 Schachtindustrie

Ende des 19. Jahrhunderts entwickelte sich der Bergbau rasant. Das betraf z. B. die Salzbergwerke und den Braunkohlebergbau. Daraus resultierte ein wachsender Bedarf an Ausrüstungen für Schachtanlagen, der zur Entwicklung der Schachtindustrie führte. Hermann Poetsch, der als Markscheider für Salzbergwerke und Braunkohlegruben im Bergamtsbezirk Aschersleben tätig war, erfand das Gefrierverfahren und meldete es zum Patent in Deutschland sowie einigen anderen wichtigen Ländern an. Im Jahr 1883 wurde ihm das Patent (Deutsches Reichspatent 25015) mit dem Titel „Verfahren zur Abteufung von Schächten im schwimmenden Gebirge" auf 15 Jahre erteilt. Noch im gleichen Jahr begann er in Zusammenarbeit mit der Firma Kropff in Nordhausen das Verfahren praktisch zu erproben. Die erste Anwendung des Verfahrens erfolgte auf der Grube Archibald bei Schneidlingen (nördlich von Aschersleben) im Sommer 1883. Die Einzelheiten zur technischen Ausführung des Verfahrens gehen aus Bild 68 (Seite 107) hervor. Der Schwimmsand und das umgebende Gebirge konnten innerhalb von 23 Tagen auf -19 °C abgekühlt werden. Als Kältemaschine verwendete man die Absorptionskältemaschine der Firma Kropff. Mit dem Projekt wurde der Nachweis erbracht, dass es mit diesem Verfahren möglich ist, Schwimmsand zu gefrieren. Obwohl es neun Anwendungen des patentierten Gefrierverfahrens gab, ging das von Poetsch gegründete Unternehmen Poetsch - Tiefbauten AG aufgrund fehlender Aufträge in Konkurs. Wegen Nichtzahlung der Jahresgebühren erloschen 1891/92 die meisten Patente von Poetsch.[223]

Bei der Firma Kropff, die die Eismaschinen lieferte, lernte Poetsch Louis Gebhardt kennen. 1884 stellte er ihn als Maschinenmeister für die Gefrieranlagen ein. Nach dem Niedergang der Firma Poetsch schied Gebhardt aus und arbeitete zunächst für französische Grubenverwaltungen erfolgreich.

---

[223] Hoffman, Dietrich: Acht Jahrzehnte Gefrierverfahren nach Poetsch. Verlag Glückauf GMBH, Essen, 1962, S. 24-27

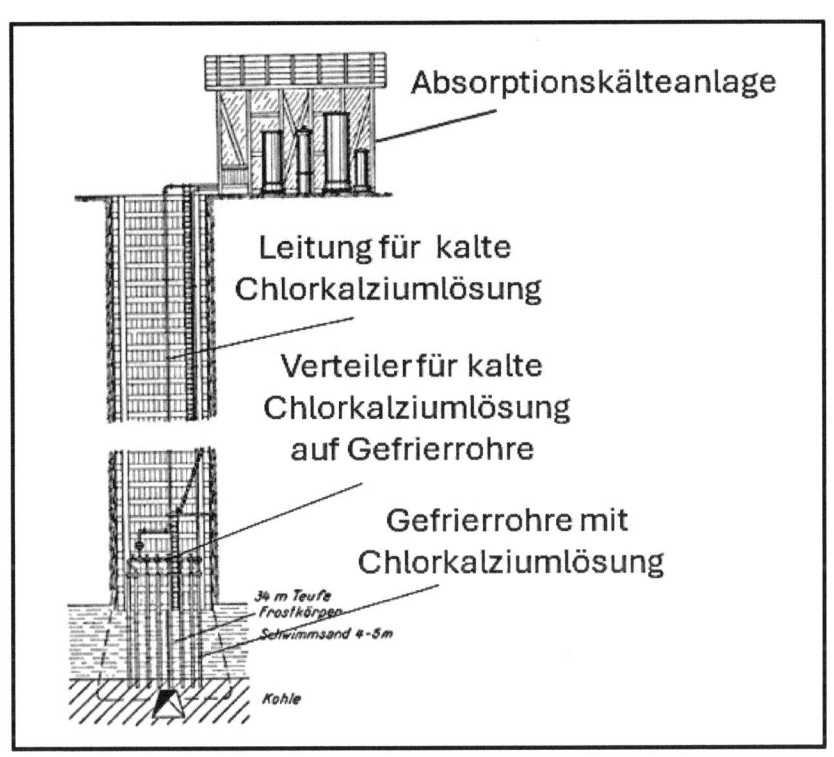

Bild 68: Gefrierschacht Grube Archibald[224]

Im Jahr 1886 kehrte er nach Nordhausen zurück, befasste sich mit der Herstellung von Kältemaschinen und gründete nach Ablauf der Patente von Poetsch 1898 die Firma „Eismaschinen und Internationale Tiefbau GmbH". Zur finanziellen Absicherung seiner Aufträge nahm er den Kaufmann August König 1900 in die Firma auf. Sie hieß nun: „Eismaschinen und Internationale Tiefbaugesellschaft GmbH von Gebhardt und König".[225] Das Betriebsgelände der Firma im Jahr 1905 zeigt Bild 69 (Seite 108).
Gebhardt hat das Gefrierverfahren und die Anwendungsmöglichkeiten des Verfahrens weiterentwickelt und z. B. ausführlich in dem

[224] Hoffmann 1962, S. 25
[225] Hoffmann 1962, S. 54

Bild 69: Gelände der Firma „Gebhardt & König", 1905[226]

Vortrag „Die Anwendung des Gefrierverfahrens zum Abteufen von Schächten, Baugruben und Fundamenten aller Art in schwimmenden und wasserreichen Gebirgen" im Jahr 1911 beschrieben.[227] Die weitere Entwicklung der Firma verlief sehr erfolgreich und geht aus nachfolgender Übersicht hervor:

- **1903:** Umwandlung in die Aktiengesellschaft Tiefbau- und Kälteindustrie AG, vormals Gebhardt & König,
- **1904:** Übernahme der Hannoverschen Tiefbohrgesellschaft,
- **1905:** Aufträge von bis zu 20 Gefrierschächten im Jahr, konkurrenzlos,
- **1906:** Gründung eines Tochterunternehmens in Belgien,
- **1908:** Gründung eines Tochterunternehmens in England,
- **1907:** Patentierung der „Gebhardtschen Lotuhr" zur sicheren Einmessung der Bohrungen,
- **1910:** Auszeichnung mit dem „Grand Prix" auf der Weltausstellung in Brüssel für das Gefrierverfahren,

---

[226] Hellberg, Reiner: Straßen in Nordhausen im Wandel der Zeit. Le petit- Schröter | Werbeagentur & Verlag; New Edition (10. Dezember 2010) Band 2, S. 80
[227] Gebhardt, Louis: Die Anwendung des Gefrierverfahrens. In: Festschrift zur 25. Internationalen Wander-Versammlung der Bohringenieure und Bohrtechniker in Budapest 1911

- **1914: Anstieg der Zahl der Mitarbeiter auf 2.850.**[228]

Im Jahr 1898 wurde in Berlin die „Deutsche Tiefbohr Aktiengesellschaft" gegründet. Sie wiederum gründete 1899 die „Deutsche Schachtbau AG" (DSA) in Nordhausen. Rudolf Nöllenburg, Kaufmann und Unternehmensleiter, wurde beauftragt, den Vorstand der DSA zu leiten. Zunächst baute die DSA eine Maschinenfabrik in der Rothenburger Straße in Nordhausen auf. Es wurden dort Bohrwerkzeuge und Bohrmaschinen hergestellt sowie Schachtanlagen gebaut. Nöllenburg ließ sich 1901 die von ihm entwickelte „Combinierte Schnellschlag- & Diamantbohranlage Nordhausen" patentieren. Sie ermöglichte Bohrungen bis zu einer Tiefe von 2.000 m.[229] Das Fabrikgelände in der Rothenburger Straße hatte eine Größe von etwa 26.000 m². Auf ihm befanden sich eine moderne Maschinenfabrik, eine Zimmerei, eine Tischlerei und ein Bohrturm für Versuchszwecke.[230]

Die DSA bohrte bis 1905 hauptsächlich nach Kalisalzen im Südharz und nach Steinkohle. Danach wandte sie sich dem Erdöl mit großem Erfolg zu. Etwa 30 Bohrtürme wurden 1906 im In- und Ausland betrieben. Weiterhin wurden auch Rohölbetriebe erworben. Im Jahr 1911 besaß die DSA über 90 % der deutschen Rohölgewinnung.[231] Den ersten Gefrierschacht konnte sie 1908 niederbringen. Insgesamt wurden 50 Tagesschächte von der DTA verwirklicht.[232]

Da der Bedarf auf dem Gebiet des Schachtbaus ständig stieg, erhöhten Gebhardt & König und die DSA ihr Kapital und die Belegschaft. So hatte die „Tiefbau- und Kälteindustrie AG, vormals Gebhardt König" im Jahr 1914 2.850 Mitarbeiter.[233] Diese beiden Aktiengesellschaften haben in starkem Maße zur Industrialisierung in

[228] Gebhardt & König. https://de.wikipedia.org/wiki/Gebhardt_%26_Koenig, abgerufen am 12.12.2023
[229] Rudolf Nöllenburg. https://nordhausen-wiki.de/wiki/Rudolf_Nöllenburg, abgerufen am 17.11.2024
[230] Kuhlbrodt u. a., S. 202
[231] Rudolf Nöllenberg. https://www.deutsche-biographie.de/sfz72246.html#ndbcontent, abgerufen am 17.11.2024
[232] Ries, Alfred: 76 Jahre Gebhardt & König. https://redpathdeilmann.com /pdf/werkszeitschrift/Nr_13_Januar_1974_01.pdf, abgerufen am 10.08.2024
[233] Propp 1935, S. 95

Nordhausen beigetragen.

1939 fusionierte die „Deutsche Schachtbau AG" mit der „Tiefbau-
und Kälteindustrie AG, vormals Gebhardt & König". Beide Firmen
waren inzwischen Tochtergesellschaften der „Deutschen Erdöl Aktiengesellschaft" (DEA) geworden. Die DEA war aus der „Deutschen Tiefbohr AG" hervorgegangen.

Das Unternehmen wurde nach dem 2. Weltkrieg gespalten. In der
sowjetischen Besatzungszone entstand nach der Enteignung der
VEB Schachtbau Nordhausen und in Westdeutschland die „Gebhardt & König – Deutsche Schachtbau GmbH". Nach der Wiedervereinigung 1990 wurde der VEB Schachtbau in eine GmbH umgewandelt und 1992 von der Bauer AG, Hauptsitz in Schrobenhau-
sen, übernommen.[234]

7.10 Brunnenbau

Die Brüder Heinrich Ludwig Theodor Anger (Brunnen- und Röh-
renmeister) und August Anger (Zimmermann und Brunnenbauer)
kamen 1863 von Magdeburg nach Nordhausen und gründeten einen Handwerksbetrieb in der Barfüßerstraße. Zunächst wurden
Reparaturarbeiten an Handfeuerspritzen und Handpumpen durchgeführt. Das Arbeitsgebiet der Firma wurde ständig erweitert. Es
umfasste dann Brunnen-, Pumpen-, Wasserleitungs- und Bohrarbeiten. Im August 1866 verlor Heinrich Anger seinen Bruder August
durch einen Arbeitsunfall. Schon drei Jahre nach der Firmengrün-
dung (1866) konnte Heinrich Anger eine Pumpenfabrik in der Ullrichstraße aufbauen. In der wurden auch die Bohrgeräte hergestellt. Die Firma hatte gute Entwicklungsmöglichkeiten, weil durch
die Industrialisierung ein hoher Wasserbedarf entstanden war.
1901 übernahmen die Söhne von Heinrich Anger Otto und Karl Anger die Firma. Nun hieß das Unternehmen „H. Anger´s Söhne". Sie
errichteten 1905 ein Büro- und Lagergebäude in der Ullrichstraße.
Im Jahr 1910 ging man dazu über, nicht nur die Ausrüstungen für
die Bohrarbeiten zu bauen, sondern auch die Reparaturarbeiten
selbst durchzuführen. Zu diesem Zweck wurden 1910 eine
Schmiede, eine Rohrdreherei, eine Schlosserei und eine Werkstatt

---

[234] Schachtbau Nordhausen. https://de.wikipedia.org/wiki/Schachtbau_Nordhausen,
abgerufen am 10.08.2024

für Brunnenausbaurohre in Nordhausen aufgebaut. Außerdem begann die Firma Pumpwerke für Tiefbrunnen herzustellen, die in Europa gut verkauft werden konnten.[235]
Bild 70 zeigt einen Freifallbohrkran mit Benzinmotor und einem umlegbaren Dreibock der Firma H. Angers Söhne. Mit diesem Gerät waren Bohrungen bis 150 m Tiefe möglich. Bohrungen bis 170 m Tiefe gelangen mithilfe von Lokomobilen, wobei der Endbohrdurchmesser 450 mm betragen konnte.

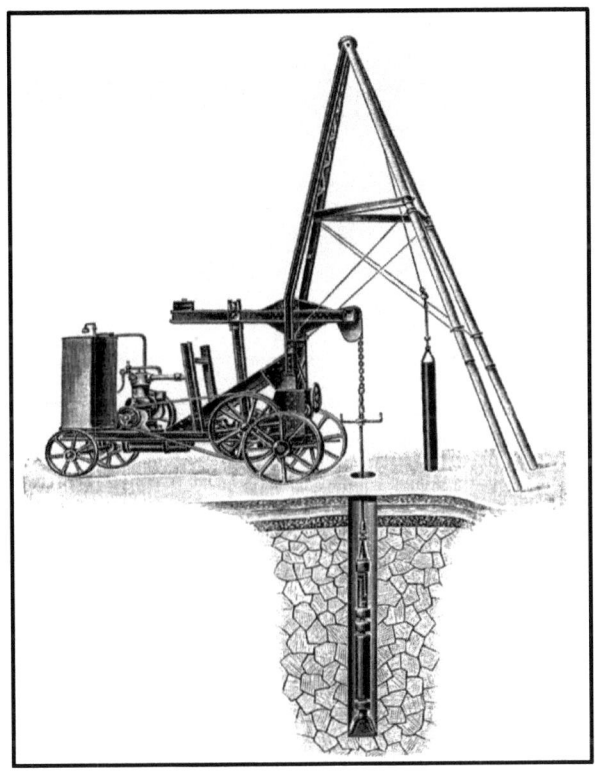

Bild 70: Fahrbarer Bohrapparat von H. Angers Söhne[236]

[235] Quast, Dietrich: Die Brunnenbauer-Familie Anger. In: Zur Industriegeschichte im Südharz. Lukas Verlag, Berlin und Wernigerode, 2016, S. 14-17
[236] Quast 2016, S. 17

Im Jahr 1912 wurde begonnen ein Bohrarchiv aufzubauen, welches bis heute geführt wird. Im Jahr 1913 führte die Firma auch Bohrungen zur Erschließung von Thermal- und Mineralwasserquellen durch. Das Bild 71 vermittelt einen Überblick über das umfangreiche Leistungsspektrum der Firma H. Angers Söhne im Jahr 1914. Die weitere Entwicklung der Firma verlief bis zum 2. Weltkrieg vielversprechend. Sie erweiterte z. B. den Bohrbetrieb und die Maschinenfabrik.[237]

Bild 71: Briefkopf der Firma „H. Anger´s Söhne", 1914[238]

Nach dem 2. Weltkrieg wurde die Firma aufgespalten. Heinrich und Paul Anger gründeten 1946 in Lehrte eine neue Firma. Die Familien Anger verließen 1952 die DDR und der Nordhäuser Betrieb wurde zum VEB Nordhäuser Brunnen- und Pumpenbau. Nach 1990 gab es im Rahmen der Privatisierung der Firmen der ehemaligen DDR Bemühungen, die Firma in Nordhausen mit Unterstützung der Familie Anger wieder aufzubauen. Leider ist es nicht gelungen.[239]

7.11 Weitere Unternehmen im Überblick
Im Zeitraum 1874/1875 existierten in Nordhausen weitere Unternehmen mit beachtlichem Arbeitskräftebedarf und erheblicher

---

[237] Quast 2016, S. 17-19
[238] Quast 2016, S. 19
[239] Quast 2016, S. 25

wirtschaftlicher Bedeutung. Auf einige dieser Firmen wird nachfolgend zusammenfassend eingegangen:

- Die Herstellung von Kaffeesurrogaten erfolgte in 2 Firmen mit ca. 200 Arbeitern. Einsatzprodukte waren vor allem Roggen und Zichorien. Die Produkte wurden z. B. nach Österreich, Dänemark, Italien und in die Schweiz exportiert.
- Eine Mostrichfabrik stellte jährlich etwa 1.000 Zentner „Nordhäuser Tafelsenf" her.
- Im Jahr 1875 spielte der Handel mit landwirtschaftlichen Produkten in Nordhausen noch eine beachtliche Rolle, wie die Tabelle 12 zeigt.

Produkte	Zufuhr in Ztr.	Versand in Ztr.
Weizen	202.000	116.000
Roggen	328.300	130.000
Gerste	288.000	144.000
Hafer	72.000	29.200
Bohnen, Linsen, Erbsen	67.000	44.000
Kartoffeln	36.000	36.000

Tabelle 12: Handel mit landwirtschaftlichen Produkten in Nordhausen 1875[240]

- Die Dampfziegeleien (maschinelle Herstellung) produzierten mit Ringöfen jährlich 3-4 Mio. Ziegelsteine und Dachziegeln. Sie beschäftigten ca. 60 Arbeiter. In den Feldziegeleien (handwerkliche, ortsgebundene Herstellung) waren ca. 40 Arbeiter tätig. Sie stellten mehr als 2 Millionen Ziegelsteine her.
- Zwei Mühlsteinfabriken fertigten etwa 300 Mühlsteine mit 30-40 Mitarbeitern.
- Die Seifensiedereien lieferten 7.000 Zentner Riegelseife und 5.000 Zentner Fassseife aus.
- Zwei chemische Fabriken erzeugten 250 Zentner rauchende Schwefelsäure, 1.700 Zentner Glaubersalz, 290 Zentner Salpetersäure und 260 Zentner Eisenvitriol.

---

[240] Reinhard-Hormuth 1876, S. 76

- Zwei Ölmühlen gewannen etwa 3.000 Zentner reine Öle, vor allem Rüböl, Leinöl und Mandelöl.
- Die Lederfabrikation erfolgte durch 8 Lohgerbereien (Nutzung pflanzlicher Gerbstoffe) und eine Weißgerberei (Verwendung mineralischer Gerbstoffe).
- Im Jahr 1874 erzeugte eine Fabrik 7.800 Zentner vollgebleichten und ungebleichten Strohstoff.
- Vier Fabriken stellten ca. 150.000 Flaschen künstliches Mineralwasser im Jahr her.[241]

Diese Übersicht zeigt auch die Vielfalt der unternehmerischen Aktivitäten in der 2. Hälfte des 19. Jahrhunderts in Nordhausen.

7.12 Handwerk

Das Handwerk bestimmte über mehrere Jahrhunderte das wirtschaftliche Leben in Nordhausen. Anfang des 19. Jahrhunderts war es bezüglich der Gütererzeugung noch dominierend.

Das veränderte sich, nachdem im Jahr 1810 die Gewerbefreiheit in Preußen aufgehoben und 1869 eine Gewerbeordnung für den Norddeutschen Bund beschlossen wurde. Jetzt konnte jeder Bürger einen Handwerksbetrieb gründen. Die Handwerksmeister wollten diese Gewerbefreiheit wieder einschränken. 1897 wurde deshalb ein Handwerksgesetz erlassen, welches festlegte, dass alle Handwerker in die Handwerkskammer einzutreten hatten. 1908 wurde außerdem beschlossen, dass zur Ausbildung von Lehrlingen ein Meisterbrief erforderlich ist.[242] Deshalb und auf Grund der einsetzenden Industrialisierung gab es wesentliche Änderungen in der ersten Hälfte des 19. Jahrhunderts. So z. B. starb die Handweberei durch die Einführung des mechanischen Webstuhls aus. Auch das Handwerk der Seiler, Hutmacher und Strumpfwirker wurde durch industrielle Fertigungsmethoden ersetzt. Die Handwerksbetriebe des Metallgewerbes wurden von Produzenten oft zu Reparaturbetrieben für die Industrie oder entwickelten sich selbst zu einem Industriebetrieb. Mit der Entwicklung der Möbelindustrie wurden viele Tischlermeister zu Möbelhändlern, die dann nur noch Anpassungsarbeiten durchführten. Ähnlich verlief die Entwicklung

---

[241] Reinhard-Hormuth 1876, S. 72-79
[242] Handwerk. https://de.wikipedia.org/wiki/Handwerk, abgerufen am 10.02.2024

bei den Schuhmachern. Durch die mechanischen Schuhfabriken reduzierte sich die Anzahl der Schuhmacher in Nordhausen von 307 im Jahr 1840 auf 117 im Jahr 1914. Im Gegensatz dazu erweiterte sich das Baugewerbe beträchtlich, so wuchs die Zahl der Beschäftigten von 194 im Jahr 1822 auf 1.914 im Jahr 1907.[243]

Einen guten Überblick über die Situation bezüglich der Handwerksmeister im Jahr 1880 gibt die Tabelle 13.

Handwerk	
Bäckermeister	44
Barbierstuben	6
Buchdruckereien	4
Fleischermeister	73
Glasermeister	17
Klempnermeister	19
Sattlermeister	20
Schlossermeister	20
Schmiedemeister	11
Schneidermeister	12
Schuhmachermeister	37
Tischlermeister	14

Tabelle 13: Übersicht über die Handwerksmeister 1880[244]

Es wird deutlich, dass Fleischermeister, Bäckermeister und Schuhmachermeister dominierten. Es handelte sich um Handwerksmeister, deren Tätigkeit auf die Versorgung der Bevölkerung der Stadt ausgerichtet war. Aber auch die Zahl der Schlosser- und Schmiedemeister ist beachtlich. Sie spielten eine große Rolle bei der Herausbildung des Maschinenbaus in Nordhausen.

Zwischen 1849 und 1852 wurden in Nordhausen neun Innungen der Meister gegründet, die auch Bestimmungen zur Unterstützung bedürftiger Innungsgenossen enthielten. Mit Inkrafttreten des Krankenversicherungsgesetzes im Jahr 1883 wurden dann

---

[243] Propp 1935, S. 135
[244] Heineck 1927, S. 233

Ortskrankenkassen und Betriebskrankenkassen gegründet.[245]
Die wachsende Bautätigkeit erforderte Ende des 19. Jahrhunderts mehr Klempner, Glaser, Bautischler, Tischler und Maler. Ursachen für diese Entwicklung waren die zunehmende Bevölkerungszahl und der wachsende Wohlstand der Bürger in Nordhausen. Die meisten Handwerksmeister haben sich an die industrielle Entwicklung angepasst. Es wurden verstärkt Maschinen eingesetzt und auf handwerkliche Qualitätsarbeit gesetzt.

8. Infrastruktur in Nordhausen
8.1 Einführung
In Verbindung mit der zunehmenden Industrialisierung, insbesondere ab Mitte des 19. Jahrhunderts, gab es eine starke Bevölkerungszunahme in den Städten durch die Wanderungsbewegung von dem Land in die Stadt. In dieser Zeit fand auch eine räumliche Trennung der Industrieanlagen und der Wohnviertel statt.
Die unteren Bevölkerungsschichten wohnten meistens in Mietskasernen. Außerdem wurden Werkskolonien zur Unterbringung von Arbeitssuchenden und deren Familien, manchmal sogar mit Gärten errichtet. In dieser Zeit entstand die Idee der Errichtung von Gartenstädten bzw. Stadtteilen mit Parks und Gärten.[246] Ähnliche Entwicklungen können wir auch in Nordhausen beobachten. So hat z. B. der Magistrat der Stadt 1903 die Anlage der ersten 29 Schrebergärten an der Moltkestraße in Nordhausen genehmigt.[247]
Die Tabellen 14 (Seite 117) und 15 (Seite 118) geben einen Überblick über Infrastrukturprojekte von 1819 bis 1914 in Nordhausen. Für die wirtschaftliche Entwicklung der Stadt waren folgende Projekte von entscheidender Bedeutung:
- Ausbau der Straßen in und außerhalb der Stadt,
- Eisenbahnverbindung nach Halle, Kassel und Erfurt,
- Errichtung des Elektrizitätswerkes und
- Aufbau einer stabilen Wasserversorgung sowie Kanalisation.

---

[245] Heineck 1927, S. 235
[246] Felsner, Astrid: Reformbewegungen im Städtebau von der Gründerzeit bis zum Zweiten Weltkrieg. Seminararbeit 2000. https://www.grin.com/document/103524, abgerufen am 11.08.2024
[247] Kuhlbrodt u. a. 2003, S. 187

Infrastrukturobjekte	Jahr
Straße von Halle nach Kassel über Nordhausen wird chausseemäßig ausgebaut	1819-1825
Eröffnung des ersten Kindergartens	1851
Gasanstalt in Betrieb genommen	1857
Aufnahme des Telegraphenverkehrs Nordhausen-Halle / Nordhausen-Erfurt	1858 / 1860
Bau der ersten Nordhäuser Turnhalle	1860
Höhere Töchterschule zieht in Neubau in Blasiistraße	1861
Eisenbahnlinien fertiggestellt: Nordhausen-Halle, Nordhausen-Eichenberg, Nordhausen-Nordheim, Nordhausen-Erfurt, Nordhausen-Kassel	1866 1867 1869 1872
Bahnhof Nordhausen wird erbaut	1867-1869
Bau des Gymnasiums, Predigerstraße	1866-1868
Wasserversorgung, Wasserwerk aufgebaut	1873-1874
Städtisches Museum eröffnet	1876
Volksbibliothek eingerichtet	1877
Neues Postamt wird bezogen	1878
Tivolitheater wird eröffnet	1882
Mittelschulgebäude in Domstraße erbaut	1884-1885
Eröffnung Radrennbahn, 400 m lang und 6 m breit	1885
Fernsprechdienst wird eingeführt	1887

Tabelle 14: Infrastrukturobjekte in Nordhausen, 1819 bis 1887[248]

[248] Heineck 1927, S. 132, 260-266

Infrastrukturobjekte	Jahr
Krankenhaus am Taschenberg eröffnet, 103 Betten	1888
Gymnasium und Realgymnasium ziehen in neues Gebäude am Taschenberg	1891
Inbetriebnahme Schlachthof	1896
Harzquerbahn, Strecke Nordhausen-Ilfeld eröffnet	1897
Bau der Volksschule auf dem Petersberg	1898-1899
Harzquerbahn, Strecke Nordhausen-Wernigerode in Betrieb genommen	1899
Inbetriebnahme des Kornhauses, Lagerkapazität 34.000 Zentner	1899
Elektrizitätswerk, Straßenbahn in Betrieb genommen	1900
Promenade als Parkanlage angelegt	1900-1902
Wiedigsburgschule errichtet: Nordflügel / Südflügel	1905/1911
Inbetriebnahme der Talsperre	1905
Gestaltung des Stadtparks	1887-1901
Eröffnung des Stadtbades	1907
Übergabe des Stadthauses	1909
Erziehungsanstalt für Fürsorgezöglinge am Weinberg eingeweiht	1910
Bau von Kanalisation und Kläranlage	1911-1913
Errichtung eines Flugstützpunktes	1913
Theaterneubau	1913-1917

Tabelle 15: Infrastrukturobjekte in Nordhausen, 1888 bis 1914 (1917)[249]

---

[249] Heineck 1927, S. 266-270

8.2 Eisenbahn und Harzquerbahn

In England fuhr die erste Eisenbahn mit Personenbeförderung 1825 unter der Leitung von George Stephenson (Lokomotivkonstrukteur) von Stockton nach Darlington. Die Strecke war 40 km lang. Die erste deutsche Eisenbahnstrecke von Nürnberg nach Fürth wurde 1835 mit der englischen Dampflok "Adler" und einem englischen Lokomotivführer in Betrieb genommen. Die Strecke war 6 km lang und die Geschwindigkeit des Zuges betrug 40 km/h. Die weitere Entwicklung verlief in Deutschland rasant. 1850 waren schon 6.000 km Eisenbahnstrecke errichtet und die Berliner Firma Borsig baute 1851 die 500. Lokomotive.[250] Die Bedeutung des Anschlusses an das Eisenbahnnetz für die wirtschaftliche Entwicklung war auch in Nordhausen frühzeitig erkannt worden. Deshalb beschäftigte man sich mit den Möglichkeiten des Baus einer Eisenbahnverbindung von Nordhausen nach Halle sowie nach Kassel ab 1838. So wurden 1838, 1840 und 1852 Geländeuntersuchungen und Wirtschaftlichkeitsbetrachtungen durchgeführt. Aber erst 1863 waren alle vertraglichen und gesetzlichen Voraussetzungen zum Baubeginn erfüllt. Die erste Teilstrecke von Halle nach Eisleben konnte 1865 in Betrieb genommen werden. Der weitere Ablauf der Inbetriebnahmen der Strecken kann wie folgt zusammengefasst werden:

- 1866: Nordhausen-Halle,
- 1867: Nordhausen-Leinefelde-Arenshausen,
- 1869: Nordhausen-Erfurt,
- 1872: Halle-Kassel.[251]

Schon 1874 wurden die obengenannten Eisenbahnlinien breit genutzt, wie die Tabelle 16 (Seite 120) zeigt.

Von 1867 bis 1869 wurde das Bahnhofsgebäude mit der Wartehalle und dem Restaurant im Stil des Historismus (Bild 72, Seite 120) errichtet. Die Bahnsteigüberdachungen und die erste Unterführung zu den Bahnsteigen folgten 1880. Die Bahnsteighalle ist

---

[250] Geschichte der Eisenbahn in Deutschland. https://de.wikipedia.org/wiki/ Geschichte_der_Eisenbahn_in_Deutschland, abgerufen am 22.07.2022
[251] Geschichte der Eisenbahn in Nordhausen. https://nordhausen-wiki.de/wiki/ Geschichte_der_Eisenbahn_in_Nordhausen, abgerufen am 23.07.2022

120 m lang und 35 m breit. [252]
Außerdem entstand auch ein leistungsfähiger Güterbahnhof. 1876 wurde die Bahn von Halle nach Kassel verstaatlicht. Sie war nun im Besitz des preußischen Staates.

	Personenverkehr		Frachtgut in Zentnern	
	Abfahrt	Ankunft	Abgang	Ankunft
Halle-Kassel	138.973	137.254	902.513	2.264.530
Nordhausen-Erfurt	41.769	41.512	446.729	150.411
Nordhausen-Nort-heim	70.875	71.524	268.000	256.000

Tabelle 16: Personenverkehr und Frachtgut der Station Nordhausen im Jahr 1874[253]

Bild 72: Bahnhof Nordhausen, 1907[254]

Der Zugverkehr wuchs in den nächsten Jahrzehnten kontinuierlich. Wesentliche Veränderungen gab es 1945 durch die Zweiteilung Deutschlands und 1990 durch die Wiedervereinigung.
Nach der Wende 1990 verlor der Bahnhof an Bedeutung. Die Zahl der Güterzüge wurde reduziert und der Güterbahnhof weitgehend

[252] Bahnhof Nordhausen. https://nordhausen-wiki.de/wiki/Bahnhof_Nordhausen, abgerufen am 22.07.2022
[253] Heineck 1927, S. 153
[254] Bahnhof Nordhausen. https://upload.wikimedia.org/wikipedia/commons /c/cc/09291-Nordhausen-1907-Bahnhof-Br%C3%BCck_%26_Sohn_Kunst verlag.jpg, abgerufen am 22.07.2022

aufgelöst. Die Ursachen waren der erhebliche Verlust an Industrie in der Stadt Nordhausen sowie die Bevorzugung des Lkw-Transportes gegenüber dem Eisenbahntransport. Im Jahr 1994 fand eine Elektrifizierung statt und 1997/1998 wurden umfangreiche Rekonstruktions- und Umbauarbeiten durchgeführt, wobei die historische Ansicht des Bahnhofes (Bild 73) erhalten geblieben ist.

Bild 73: Vorderansicht des Bahnhofs in Nordhausen, 2018
(Foto: Hans-Jürgen Reinhardt)

Für Nordhausen hatte der Harz im 19. Jahrhundert als Roh-stoffbasis, vor allem für Holz, und als Absatzgebiet große Bedeutung. Deshalb wurde von der Nordhausen-Wernigeroder Eisenbahn (NWE) eine entsprechende Bahnverbindung durch den Harz erbaut. Am 12. Juli 1897 konnte die Strecke zwischen Nordhausen und Ilfeld in Betrieb genommen werden. Es folgten im Jahr 1898 die folgenden Strecken:
- o   Ilfeld bis Netzkater und Benneckenstein,
- o   Wernigerode bis Drei Annen Hohne,
- o   Drei Annen Hohne bis zum Brocken.

Die Gesamtstrecke Nordhausen-Wernigerode wurde am 28. März 1899 eröffnet.[255]

---

[255] Heineck 1927, S. 222

Die wichtigsten technischen Daten sind:

- Spurweite: 1.000 mm,
- Streckenlänge: ca. 140 km.[256]

Der Kopfbahnhof (Bild 74) für die Harzquerbahn wurde von 1912 bis 1913 erbaut. Den Entwurf erarbeitete Gustav Ricken.[257] Es ist ein zweigeschossiger massiver Bau mit einem hohen Mansardendach. Die vordere Fassade hat zwei Mittelrisalite mit einem Dreiecksgiebel und einen mit zwei Säulen betonten Eingang. Diese Fassade wurde weiterhin mit Reliefdarstellungen im Jugendstil geschmückt.

Bild 74: Kopfbahnhof der Harzquerbahn in Nordhausen, 2018
(Foto: Hans-Jürgen Reinhardt)

Die Bedeutung der Harzquerbahn für den Personen- und Frachtverkehr geht aus Tabelle 17 (Seite 123) hervor. Der Transport von Gütern hat sich in 10 Jahren mehr als verdoppelt. Auch der Personenverkehr ist von 1902 bis 1912 kontinuierlich gestiegen.

---

[256] Harzer Schmalspurbahnen. https://de.wikipedia.org/wiki/Harzer_Schmal
spurbahnen, abgerufen am 22.07.2022
[257] Harzquerbahnhof. https://www.nordhausen.de/tourismus/objekt_lang.
php?ObjNr=5658, abgerufen am 12.08.2024

Jahr	Zahl der beförderten Personen	Beförderte Güter in Tonnen
1902	523.119	88.732
1907	624.598	152.003
1912	984.482	215.239

Tabelle 17: Beförderungen der Privatbahn Nordhausen-Wernigerode 1902, 1907 und 1912[258]

8.3 Straßenbahn

Mit dem Wachstum der Stadt wuchs auch das Bedürfnis nach einer schnellen und günstigen Verbindung der Stadtteile. Eine Straßenbahn bot sich damals als Lösung an, denn die erste deutsche Straßenbahn mit Oberleitung wurde 1884 zwischen Frankfurt am Main und Offenbach betrieben. Im Jahr 1891 folgte Halle an der Saale mit einer innerstädtischen elektrischen Straßenbahnlinie.[259]

Am 06.11.1897 fasste die Stadt Nordhausen den Entschluss zur Errichtung einer elektrischen Straßenbahn und zum Bau einer Zentrale zur elektrischen Licht- und Kraftstromabgabe. Der Vertrag wurde am 31. Oktober 1898 mit der Elektrizitäts-AG Nürnberg, vormals Schuckert & Co., abgeschlossen. Diese Firma übernahm auch den Betrieb des Elektrizitätswerkes und der Straßenbahn. Im Jahr 1899 erfolgten die Genehmigungen durch den Regierungspräsidenten und durch die Provinzialbehörde in Erfurt sowie die Projektierung und der Baubeginn der Gleisanlagen des Depots.

Die Inbetriebnahmen der Straßenbahn und des Elektrizitätswerkes fanden am 25.08.1900 statt. Die Straßenbahn wurde mit Gleichstrom von 500 V Spannung betrieben. Noch im Jahr 1900 konnte man folgende 3 Linien, insgesamt 7,1 km, in Betrieb nehmen:

- Weiße Linie: Bahnhof-Kornmarkt-Wallrothstraße-Geiersberg, 2,6 km,
- Rote Linie: Bahnhof-Kornmarkt-Barfüßerstraße-

---

[258] Heineck 1927, Seite 222
[259] Straßenbahn. https://de.wikipedia.org/wiki/Stra%C3%9Fenbahn, abgerufen am 24.06.2024

Grimmelallee-Bahnhof, 2,2 km,
- Grüne Linie: Bahnhof-Grimmelallee-Barfüßerstraße-
Kornmarkt-Bahnhof, 2,3 km.

Das Depot und das E-Werk befanden sich in der Grimmelallee. Dreizehn Motorwagen mit unverglasten Plattformen kamen zum Einsatz. Sie hatten 16 Sitz- und 12 Stehplätze.[260] Bild 75 zeigt eine typische Straßenbahn um 1912. Die 13 Triebwagen wurden erst 1934 durch acht neue Straßenbahnen ersetzt.

Bild 75: Straßenbahn vom Kornmarkt in die Töpferstraße um 1912[261]

Aus der Tabelle 18 (Seite 125) geht hervor, dass die Straßenbahn schon 1903 von 500.000 Personen benutzt wurde. Den Entwicklungsstand der Straßenbahn im Jahr 2017 kann man aus der linken Spalte der Tabelle 18 (Seite 125) entnehmen. Es hat nicht nur eine Modernisierung, sondern auch eine Erweiterung der Strecken der Straßenbahn stattgefunden.

---

[260] 115 Jahre Straßenbahn in Nordhausen 1900-2015. Verkehrsbetriebe Nordhausen, Nordhausen, 2015, S. 33
[261] Straßenbahn Nordhausen. https://de.wikipedia.org/wiki/Datei:Strassenbahn_Nordhausen_1912_Kornmarkt_Toepferstrasse.jpg, abgerufen am 29.11.2023

	1900, 1903	2017
Streckenlänge	7,1 km	18,0 km
Spurweite	1.000 mm	1.000 mm
Antrieb	Gleichstrom	600 V, Oberleitung/ Dieselmotor
Beförderte Personen	1900: ca. 250.000 1903: ca. 500.000	2.033.987[262]
Höchstgeschwindigkeit	20 km/h	50 km/h

Tabelle 18: Daten zur Straßenbahn 1900/1903[263] und 2017[264]

8.4 Erzeugung von Strom

Die Stadt Nordhausen vereinbarte 1898 mit der Firma Elektrizitäts-AG Nürnberg, vormals Schuckert & Co., den Bau eines Elektrizitätswerkes sowie die Errichtung einer Straßenbahn. Da in Deutschland 1885 das erste Elektrizitätswerk in Berlin in Betrieb gegangen war, verfügte man über das notwendige Wissen, um schon 1899 mit den Arbeiten zum Bau der Zentrale und den Kabelverlegungsarbeiten für neun ausgewählte Straßen zu beginnen. Am 25. August 1900 wurde das Elektrizitätswerk (Bild 76, Seite 126) in Betrieb genommen und Strom für 80 Hausanschlüsse geliefert.[265] Die Stromerzeugung erfolgte mit drei liegenden Kolbendampfmaschinen mit je 143 PS. Die Kraft wurde von den Kolbendampfmaschinen auf die Generatoren durch Treibriemen übertragen. Die Dampferzeugung erfolgte mit drei Dampfkesseln, die eine Heizfläche von 90 m² hatten. Zur Beheizung wurde Steinkohle verwendet. Die Generatoren erzeugten einen Strom mit einer Spannung von 500 Volt und einer Belastung von 200 Ampere. Von einem Generator wurde die

---

[262] Entwicklung der beförderten Personen im ÖPNV, Straßenbahn, Angabe der Verkehrsbetriebe 2020
[263] 115 Jahre Straßenbahn 2015, S. 33
[264] Straßenbahn Nordhausen. https://de.wikipedia.org/wiki/Stra%C3%9 Fenbahn_Nordhausen, abgerufen 05.05.2018
[265] Fünfzig Jahre Elektrizitätswerk Nordhausen. Herausgegeben von der Betriebsleitung des Elektrizitätswerkes im Kommunalwirtschaftsunternehmen Stadt Nordhausen am 25. August 1950, S. 1-2

Straßenbahn und von den zwei anderen Generatoren das Stadtnetz gespeist.

Bild 76: Elektrizitätswerk Nordhausen um 1900[266]

Die Leistung der Generatoren reichte 1906 nicht mehr aus. Im Zusammenhang mit der Errichtung der Talsperre für die Stadt Nordhausen ergab sich die Möglichkeit, in die Rohrleitung in Nordhausen (Abschnitt 8.6) eine Turbine zur Stromerzeugung einzubauen. Die Turbine war mit einem Generator gekoppelt und hatte eine Leistung von 238 PS. Im Jahr 1909 war eine erneute Erweiterung der Leistung erforderlich. Deshalb wurde eine weitere Kolbendampfmaschine mit einer Leistung von 400 PS mit einem entsprechenden Generator installiert. Im Jahr 1914 erfolgte noch der Einbau einer kleinen Wasserturbine mit einer Leistung von 20 kW in die Kläranlage der Stadt. Bis 1914 wurde das Stadtnetz stark ausgebaut und die Mehrzahl der Wohnungen von Nordhausen verfügte über einen Stromanschluss.[267] Diese rasante Entwicklung

---

[266] Trurnit, Hanno: Und Licht war's in Nordhausen. Energieversorgung Nord-hausen GmbH, Frank Trurnit & Partner Verlag GmbH, München/Leipzig, 2002, S. 38
[267] Fünfzig Jahre Elektrizitätswerk Nordhausen 1950, S. 39

wurde durch den 1. Weltkrieg unterbrochen. Am 1. April 1920 übernahm die Stadt Nordhausen sowohl das Elektrizitätswerk als auch die Straßenbahn als städtische Unternehmen.[268]

8.5 Erzeugung von Gas

In Hannover wurde 1825 das erste Gaswerk in Deutschland errichtet. Die große Nachfrage nach Gas hat dazu geführt, dass im Jahr 1870 schon 340 Gaswerke in Deutschland betrieben wurden. Sie erzeugten das Stadtgas (Leuchtgas) hauptsächlich aus Kohle, Holz und Torf.[269]

Ausgehend von der Initiative einiger Bürger im Jahr 1856 wurde von der Stadt Nordhausen am 14. März 1857 ein Vertrag zum Bau einer Gasanstalt mit der Deutschen Continental-Gasgesellschaft Dessau abgeschlossen. Innerhalb von sieben Monaten wurde die Gasanstalt am Ufer der Zorge (Bild 77) erbaut und im Dezember 1857 fertiggestellt.[270]

Bild 77: Blick zum Kohnstein, Teile der Gasanstalt links, Ansichtskarte[271]

---

[268] Fünfzig Jahre Elektrizitätswerk Nordhausen 1950, S. 40
[269] Stadtgas. https://de.wikipedia.org/wiki/Stadtgas, abgerufen am 26.06.2024
[270] Gasanstalt Nordhausen. https://nordhausen-wiki.de/wiki/ Gasanstalt_Nordhausen, abgerufen am 26.06.2024
[271] Teile der Gasanstalt Nordhausen. https://nordhausen-wiki.de/wiki/ Gasanstalt_Nordhausen, abgerufen am 29.11.2023

Die Technologie kann zusammenfassend so beschrieben werden: In sogenannten Retorten wurde die Kohle, meistens Steinkohle, unter Luftabschluss bei Temperaturen von bis zu 1.200 °C entgast. Dann erfolgten Abkühlung und Reinigung des Gases durch Luftkühler, Wasserkühler, Teerabscheider, Wäscher und eine Trockenreinigung. Das gereinigte Gas floss anschließend in Gasbehälter. Von den Gasbehältern aus fand die Verteilung des Gases an die Verbraucher statt.

Das gereinigte Gas hatte etwa folgende Zusammensetzung:

- Wasserstoff: 51 Vol.-%,
- Methan: 21 Vol.-%,
- Kohlenmonoxid: 9 Vol.-%,
- Stickstoff: 15 Vol.-%.

Weiterhin enthielt das Gas noch geringe Mengen Wasserdampf sowie Spuren an Kohlendioxid und Kohlenwasserstoffen.[272]

Parallel zur Errichtung der Gasanstalt erfolgte die Verlegung der Gasrohre in der Stadt, sodass am 18. Mai 1858 die Beleuchtung einiger Straßen durch Gas erstmals erfolgen konnte. Im Jahr 1892 besaß die Stadt 544 Gaslaternen, 1902 waren es 644 und 1912 konnte sie 801 Gaslaternen betreiben. Das sogenannte Stadtgas oder Leuchtgas wurde zunächst zur Beleuchtung von Straßen und Wohnungen, später auch zum Kochen und Backen benutzt. Das Gaswerk erzeugte 1910 ca. 2,6 Mio. m³ und 1945 ca. 7 Mio. m³ Gas. Das Gaswerk stellte die Produktion am 30. April 1971, nach 114 Jahren, ein. Nordhausen wurde an die Gasfernleitung angeschlossen.[273]

8.6 Wasserversorgung, Talsperre, Kanalisation

Hermann Heineck schreibt über die Wasserversorgung der Stadt Nordhausen im 19. Jahrhundert: „Im Jahr 1851 herrschen noch ganz mittelalterliche Zustände. Das fließende Wasser wird durch die Wasserdruckwerke und Röhrenleitungen in 10 in der Oberstadt verteilte Bassins und 2 Bottiche getrieben. Ferner sind 9 öffentliche Quellbrunnen vorhanden. Die Wasseranlagen stehen unter der

---

[272] Stadtgas. https://de.wikipedia.org/wiki/Stadtgas, abgerufen am 29.11.2023
[273] Gasanstalt Nordhausen. https://nordhausen-wiki.de/wiki/ Gasanstalt_Nordhausen, abgerufen am 26.06.2024

Aufsicht eines Kunstmeisters und dessen 2 Gesellen nebst 2 Arbeitern. Die städtischen Wasserdruckwerke, Oberkunst und Unterkunst, liefern nur 5 ½ Kubikfuß Wasser in der Minute (0,15 m³/min)."[274]

In Jahr 1868 gab es 10 öffentliche Quellbrunnen in der Stadt, die eine immer schlechtere Wasserqualität geliefert haben sollen. Um die Wasserversorgung der Stadt bez. Menge und Qualität zu sichern, errichtete die Aktiengesellschaft „Neptun" (Berlin) im Zeitraum 1873-1874 ein Wasserwerk in der Osterstraße (heute: Alexander-Puschkin-Straße). Zunächst wurde ein Hochbehälter gebaut und mit der Verlegung der Rohrleitungen für das neue Rohrnetz begonnen.[275] Nach Fertigstellung kaufte die Stadt das Wasserwerk für 672.000 Mark von der Aktiengesellschaft und übernahm den weiteren Betrieb. Aufgrund des Wasserbedarfs musste 1890 in der Osterstraße ein zweiter Hochbehälter errichtet werden. Zur langfristigen Sicherung der Wasserversorgung der schnell wachsenden Stadt entschieden sich die Stadtverordneten 1902 für den Bau einer Talsperre in Neustadt. In dieser Talsperre wurde und wird das Wasser des Krebsbaches aufgestaut. Mit diesem Projekt sollte die Trinkwasserversorgung von 45.000 Menschen gesichert werden. Projektleiter war der Berliner Wasserbauinspektor Mattern und Bauleiter der Regierungsbaumeister und spätere Stadtbaurat von Nordhausen Michael.[276] Die Bauarbeiten dauerten von März 1904 bis Oktober 1905. Die Kosten betrugen 1.400.000 Mark. Am 13. Oktober 1905 wurde begonnen, das Wasser anzustauen. Eine ca. 10 km lange Rohrleitung verband und verbindet die Talsperre mit dem Wasserwerk in der Osterstraße, wobei der Höhenunterschied 180 m beträgt. Dieses Gefälle wurde genutzt, um mit einer Peltonturbine Strom zu erzeugen. Bild 78 (Seite 130) zeigt den Eingang zum Wasserwerk, der 1905 erbaut wurde. Das 2008 restaurierte Turbinenhaus ist auf Bild 79 (Seite 130) zu sehen. In diesem Turbinenhaus befand sich die Peltonturbine zur Stromerzeugung. Es wurde vom Nordhäuser Wasserverband 2008 zum Besucherzentrum umgestaltet.

---

[274] Heineck 1927, Seite 148
[275] Heineck 1927, Seite 149
[276] Heineck 1927, Seite 209

Bild 78: Eingang zum Wasserwerk, 2024
(Foto: Hans-Jürgen Reinhardt)

Bild 79: Turbinenhaus nach
Restaurierung, 2008[277]

Der Bau der Kanalisation und der Wasserverbrauch der Deutschen
Reichsbahn führten 1920 zu einem erneuten Anstieg des Wasserbedarfs. Deshalb wurde ein Bauantrag zur Erhöhung der Stau-
mauer der Talsperre in Neustadt gestellt und genehmigt. Diese Erhöhung um 6,26 m mittels Betons wurde von 1922 bis 1923 realisiert. Sie führte zu einer Vergrößerung des Speicherraumes von
845.000 m³ auf 1.230.000 m³. Der Stausee umfasst etwa 14 ha.
Die Mauerkrone der Talsperre ist 134 m lang und 32 m hoch.[278]
Bild 80 (Seite 131) zeigt die Talsperre zum Zeitpunkt der Arbeiten
zur Erhöhung der Mauer um 6,26 m im Jahr 1922.
Nach Bemühungen in den Jahren 1884 und 1888 gelang es 1906,
eine Kommission zu wählen, die die finanziellen und technischen
Möglichkeiten der Realisierung eines Kanalisationsnetzes für die
Stadt Nordhausen prüft. Der Entwurf des Kanalisationsnetzes
wurde 1910 genehmigt, wobei die Finanzierung durch ein Darle-
hen über 3,4 Mio. M erfolgte.

---

[277] Turbinenhaus, Foto Pia Wienrich. https://architekten-thueringen.de/aft/
projekte/p /wassewerk_nordhausen__besucherz-826.html, abgerufen
am 18.09.2024
[278] Talsperre Neustadt. https://de.wikipedia.org/wiki/Talsperre_Neustadt,
abgerufen am 12.08.2024

Bild 80: Erhöhung der Talsperrenmauer, 1922[279]

Es wurde mit der Gothaer Lebensversicherungsbank ein entsprechender Vertrag abgeschlossen, wonach für das Darlehen 4 % Zinsen und ab 1915 für die Tilgung zusätzlich 2 % zu zahlen waren. Grundlage für das Kanalnetz war der neu erarbeitete Stadtplan von 1908. Mit der Realisierung des Kanalnetzes wurde 1911 in der Oberstadt begonnen. Die Pumpstation und die Kläranlage konnten schon 1913 in Betrieb genommen werden. Im Jahr 1923 waren dann fast alle Grundstücke von Nordhausen an das Kanalisationsnetz angeschlossen.[280]

8.7 Schlachthof
Im Jahr 1876 schlug der Verein für Gesundheitsfürsorge dem Magistrat der Stadt die Errichtung eines Schlachthofes vor. Dem Bau des Schlachthofes wurde aber erst 1893 zugestimmt. Die Vorgaben für dessen Gestaltung formulierte der Stadtbaurat Otto Rost

[279] Junker, Jörg-Michael/Kuhlbrodt, Peter: Nordhausen 1927 - Die tausendjährige Stadt. Geiger-Verlag, Horb am Neckar, 1994, S. 70
[280] Heineck 1927, S. 210

wie folgt: „Die einzelnen Gebäulichkeiten sollen bestehen aus einem Direktorwohngebäude, aus den Schlachthäusern für Großvieh, für Kleinvieh und Schweine, jedes mit Stall und Kaldaunenwäsche, aus den Kühlanlagen, aus dem Maschinenhause und Düngerhause, aus einem Wohngebäude für die 4 Arbeiter, aus der Kläranlage und 1 Brunnen."[281] Im September 1895 konnten dann die Arbeiten beginnen. Die feierliche Inbetriebnahme des Schlachthofes fand am 1. Dezember 1896 statt. Bis zu diesem Zeitpunkt hatte die Stadt keinen Schlachthof, der einer hygienischen Kontrolle unterstand.

Bild 81: Städtischer Schlachthof[282] in Nordhausen im Jahr 1900

Schon im Jahr 1897 konnten in dem neuen Schlachthof viele Tiere geschlachtet werden: 2.402 Rinder, 4.371 Kälber, 10.521 Schweine, 4.377 Schafe und 174 Pferde. In den folgenden Jahren waren Erweiterungen erforderlich, wie z. B. ein Gebäude für die Häuteverwertung (1911) und eine Kühlanlage sowie eine Eisfabrikationsanlage (1912).[283]

Im Jahr 2001 wurde der Schlachthof Nordhausen geschlossen.

[281] Schlachthof Nordhausen.https://nordhausen-wiki.de/wiki/Schlachthof_Nordhausen, abgerufen am 18.03.2024
[282] Hellberg, Rainer: Nordhausen in alten Ansichten. Europäische Bibliothek, 2010, Band 2, S. 65
[283] Hellberg 1927, S. 211

9 Zum Bauwesen in Nordhausen vom 19. Jahrhundert bis 1914

9.1 Allgemeines

Die erfolgreiche Entwicklung von Industrie und Gewerbe führte in Deutschland, so auch in Nordhausen zu einer Modernisierung und Erweiterung der Infrastruktur sowie zu einer verstärkten Bautätigkeit. Es entstanden vollkommen neue Wohnviertel, Straßenzüge und Fabrikbereiche.

Das aufstrebende und zunehmend wohlhabende Bürgertum wollte durch den bauhistorischen Rückgriff auf ältere europäische Stilarten ihren Häusern, Villen und öffentlichen Gebäuden eine besondere Note, vor allem bez. der Repräsentation, geben. Um 1830 entwickelte sich der Historismus, der durch stilistische Unterarten gekennzeichnet ist, wie z. B. Neoromanik, Neogotik, Neorenaissance und Neobarock.[284]

Die Kombination der verschiedenen Baustile wird als Eklektizismus, den wir auch bei einigen Villen in Nordhausen vorfinden, bezeichnet. Die Stile wurden dabei nach Geschmack und Belieben gemischt.

Ende des 19. Jahrhunderts entwickelte sich ein neuer eigenständiger Bau- und Dekorationsstil, der Jugendstil, der durch ein neues Formbewusstsein geprägt war und einen besonderen Charme besitzt. Die wichtigsten Merkmale des Jugendstils sind der Einsatz von stilisierten Naturmotiven (Pflanzen, Tiere), langzügig fließende Linien (Ranken, Wellen), ornamentale Muster und geometrische Formen sowie die Verwendung von Glas und Metall an den entsprechenden Bauwerken. Auch dieser Baustil fand in Nordhausen Anwendung, z. B. bei der Errichtung des Badehauses (Bild 38 Seite 140).

Weiterhin ist hervorzuheben, dass etwa ab Mitte des 19. Jahrhunderts neue Materialien, z. B. Eisen und Eisenbeton, im Baugewerbe zum Einsatz kamen. Eisen wurde vor allem für Tragelemente, Treppenanlagen und Türme (Eiffelturm in Paris, 1889; Josephskreuz im Harz, 1896) angewendet. Eisenbeton (ab 1920 Stahlbeton) war 1849 von Josef Monier erfunden und 1867 als

---

[284] Historismus-Architektur und Baustilkunde. https://www.innenarchitekten-in-berlin.de/architektur/historismus-architektur.htm, abgerufen am 29.12.2023

Patent angemeldet worden. Decken, Balken, Pfeiler und Brücken wurden aus Eisenbeton hergestellt.[285]
Weiterhin entwickelte sich eine spezifische Industriearchitektur für Fabriken, Werkstätten und Verwaltungsgebäude.

9.2 Zur Entwicklung der Bebauung der Stadt

Nordhausen war zu Beginn des 19. Jahrhunderts eine ländliche Fachwerkstatt, denn die meisten Wohnhäuser der Stadt wurden vom 13. bis zum 19. Jahrhundert als Fachwerkbauten ausgeführt. A. und F. Stolberg haben diese Bauten in folgende zeitliche Gruppen eingeteilt: gotische Bauten (ca. 1225-1500), Werke der Renaissance (um 1550), Fachwerke oberdeutscher Art (um 1700), Fachwerke des Rokokos und des Klassizismus (ca. 1710-1810), Fachwerke des ausgehenden Klassizismus (ca. 1810-1870).[286]
Weiterhin waren zahlreiche Wohnhäuser an handwerkliche und landwirtschaftliche Bedürfnisse angepasst worden, weil viele Gewerbetreibende damals die Landwirtschaft noch nebenbei betrieben haben.[287]
Mit Beginn des 19. Jahrhunderts, vor allem ab 1850 setzte in Deutschland eine rasante Entwicklung der Städte ein. Dafür gab es vielfältige Ursachen: Die Bauern konnten sich frei bewegen. Die Befreiung der Bauern begann in Preußen 1807 und wurde in vielen deutschen Staaten 1848 vollendet. Die Bauern sehnten sich nach einem besseren Leben und hatten Angst vor einer Verarmung auf dem Land. Die Städte boten im Rahmen der zunehmenden Industrialisierung bezahlte Arbeitsplätze an. Weiterhin gab es in den Städten Weiterbildungsmöglichkeiten, Kultur- und Vergnügungsangebote.
Die Bevölkerung von Nordhausen wuchs von 15.635 Einwohnern im Jahr 1855 auf 32.582 Einwohner im Jahr 1910 (siehe Kapitel 4). Die stetige Bevölkerungszunahme und die wachsende Industrie

---

[285] Eisenbeton. https://de.wikipedia.org/wiki/Stahlbeton, abgerufen am 27.06.2024
[286] Stolberg, August/Stolberg, Friedrich: Die Bau- und Kunstdenkmäler der Stadt Nordhausen. In: Das tausendjährige Nordhausen, zweiter Band, Theodor Müller, Nordhausen am Harz, 1927, S. 575
[287] Grönke - Hans-Jürgen: Nordhausen - Stadtentwicklung vom 9. bis ins 19. Jahrhundert im Überblick. In: Eschrich/Mark u. a.: Entstehung und Wandel mittelalterlicher Städte in Thüringen. Lukas Verlag, Göttingen, 2007, S. 17

der Stadt hatten zur Folge, dass mehr Baugrundstücke für den Bau von Wohnhäusern und Industrieanlagen erforderlich waren. Teile der Stadtbefestigung sowie die Stadttore wurden abgerissen, Teiche im Südwesten und Süden zugeschüttet und die Zorge reguliert. Der Abriss des letzten Tores, das war das Grimmeltor, erfolgte 1892.

Viele Industriebetriebe siedelten sich in der Grimmelalle und in der Halleschen Straße sowie zwischen der 1866 entstanden Bahnlinie und der regulierten Zorge (Uferstraße, Rothenburgstraße) an. Die Umgebung des Bahnhofs wurde immer dichter bebaut und die Stadt dehnte sich nach Osten sowie Norden aus.[288]

Die Stolberger Straße z. B. legte die Stadt zwischen 1825 und 1827 an. Bis 1900 wurden dort 63 Häuser errichtet.[289]

Im Jahr 1824 gab es in Nordhausen 65 Straßen, 1896 wurden 140 Straßen und Plätze gezählt. Deren Zahl erhöhte sich aufgrund umfangreicher Bautätigkeit, die durch die erfolgreiche wirtschaftliche Entwicklung möglich war, in den nächsten Jahren kontinuierlich:

- 1900: 143 Straßen (u. a. Hohenzollern-, Körner-, Schröterstraße),
- 1904: 149 Straßen (u. a. Hohensteiner-, Zorge-, Karolingerstraße),
- 1908: 155 Straßen (u. a. Hardenberg-, Kölling-, Meyenburgstraße),
- 1912: 161 Straßen (u. a. Eichendorff-, Thüringer-, Jahn-, Schiller-, Albert-Träger-, Wernigeröder-, Luisenstraße).[290]

Zwischen Geiersberg und Stolberger Straße entstand im Norden von Nordhausen um 1900 ein attraktives wilhelminisches Villenviertel.[291] Erfreulicherweise hat dieses Stadtviertel die Bombenangriffe weitgehend unbeschadet überstanden. Einige Villen dieses Viertels werden im Kapitel 9.3.2 behandelt.

Der Spar- und Bauverein wurde 1901 gegründet. Die ersten beiden Arbeiterwohnhäuser konnte er 1903 errichten.[292] Im Jahr 1907

---

[288] Grönke 2007, S. 172
[289] Heineck 1927, S. 147
[290] Heineck 1927, S. 177
[291] Kürbis, Manuela: Grundlagenuntersuchung eines wilhelminischen Villenviertels in Nordhausen (Diplomarbeit), Bochum 1998, S. 35-37
[292] Heineck 1927, S. 268

baute die Stadt Nordhausen wegen des hohen Bedarfs an Wohnungen für Arbeiter ein Arbeiterwohnhaus für 36 Familien in der Schärfgasse.[293]

Im 19. Jahrhundert wurden auch umfangreiche Pflasterarbeiten in der Stadt durchgeführt, Plätze und Parks angelegt sowie Brücken errichtet. Weiterhin baute die Stadt eine moderne Infrastruktur (z. B. ein Gaswerk, ein Elektrizitätswerk, die Straßenbahn, die Straßenbeleuchtung, das Wasserwerk, die Kanalisation) auf und schuf durch den Neubau vieler Schulen gute Voraussetzungen für das Bildungswesen.

Nordhausen war bis 1914 zu einer modernen Industriestadt mit vielen Grünflächen und kulturellen Möglichkeiten geworden.

9.3 Ausgewählte Bauten in der Stadt
9.3.1 Öffentliche Bauten
- **Landratsamt**

Die Provinz Sachsen wurde 1815 gegründet. In diesem Zusammenhang erfolgte die Bildung des Landkreises Nordhausen durch den Zusammenschluss der Stadt mit dem Lohraer-Klettenberger-Gebiet. Die Stadt Nordhausen erreichte im Jahr 1882 eine Einwohnerzahl von 26.198 Einwohnern. Damit überschritt sie den Grenzwert von 25.000 Einwohnern, der eine Voraussetzung zur Bildung eines Stadtkreises war, und konnte einen eigenen Stadtkreis bilden. Aus dem Landkreis schied die Stadt Nordhausen 1882/1883 aus.

Der verbliebene Landkreis nahm 1888 den historischen Namen Kreis Grafschaft Hohenstein an. Daraufhin wurde als Kreiswappen das alte Hohnsteiner Grafenwappen eingeführt.[294] Baron Eduard Wiprecht Leopold von Davier (1818-1895) war 1852 Landrat vom Landkreis Nordhausen geworden. Zum damaligen Zeitpunkt befanden sich die Büros des Landratsamtes in unterschiedlichen, angemieteten Gebäuden der Stadt. Deshalb wurde von 1866 bis 1868 das Kreis-Ständehaus (Bild 82, Seite 137) in der Grimmelallee errichtet.

---

[293] Heineck 1927, S. 217
[294] Kreisarchive, Landkreis Nordhausen, Archivgeschichte. https://www.archive-in-thueringen.de/de/archiv/view/id/20, abgerufen 30.09.2024

Bild 82: Kreisständehaus, Lithografie von Karl Koch 1868[295]

Landrat Davier, der selbst auch in diesem Haus wohnte, ließ um das Haus einen kleinen Park mit Teich anlegen, der leider nicht mehr vorhanden ist. Bis 1945 wohnten alle Landräte in dem Kreisständehaus.

Das Gebäude wurde mehrfach verändert und erweitert. Etwa neun Bauphasen konnten identifiziert werden. 1891/1892 wurde auf dem benachbarten Grundstück ein neues Gebäude für die Kreissparkasse errichtet, welches wenige Jahre später die Kreisverwaltung benötigte.[296] Wahrscheinlich um 1897 verband man die beiden Gebäude durch einen zweigeschossigen Verbindungsbau.

Das Landratsamt war im Stil des Historismus gebaut worden. Es ist ein zweigeschossiger Bau (Bild 83, Seite 138) aus verputzten Ziegelsteinen auf einem Sandsteinsockel. Die Fassade wurde mit neuromanischen und weiteren historisierenden Formen gestaltet:

- Blendbogenfries,
- rundbogige Fenster,

---

[295] Kreisständehaus. https://nordhausen-wiki.de/wiki/Landratsamt_Nordhausen, abgerufen am 25.03.2018

[296] Kneffel, Hannelore: Erbauer des Landratsamtes. https://www.nnz-online.de/news/news_lang.php?ArtNr=100356, abgerufen am 01.07.2024

- Mittelrisalit mit Dreiecksgiebel und kleinen Türmchen,
- zwei runde Ecktürme.[297]

Das Gebäude wurde im 2. Weltkrieg nicht zerstört. Nach dem Krieg nutzten es zuerst die amerikanischen Truppen und danach bis 1956 die russische Armee.

Im Jahr 1997 wurde eine grundlegende Sanierung des Bauwerkes durchgeführt. Im Rahmen dieser Sanierung konnten auch die profilierten Türen, Paneele und Treppengeländer aus Holz im Inneren gerettet werden.[298] Heute befindet sich in diesem Gebäude wiederum das Landratsamt Nordhausen.

Bild 83: Landratsamt, Vorderansicht, 2024
(Foto: Hans-Jürgen Reinhardt)

- **Stadthaus**

Das neu erbaute Stadthaus wurde im Juni 1909 zur Nutzung

---

[297] Landratsamt Nordhausen. https://nordhausen-wiki.de/wiki/Landrats
    amt_Nordhausen, abgerufen 01.07.2024
[298] Landratsamt Nordhausen. https://nordhausen-wiki.de/wiki/Landrats
    amt_Nordhausen, abgerufen 01.07.2024

übergeben. Der Architekt und Bauleiter war Gustav Ricken. Die Kosten betrugen 264.000 Mark.[299]

August (Kunsthistoriker) und Friedrich (Architekt, Sohn von August) Stolberg beschreiben das Gebäude (Bild 84) wie folgt: „Der Bau ist zusammengesetzt aus einem dreigeschossigen massiven Hauptteil mit steilem Satteldach und entsprechenden Giebeln, an den sich gegen den Kornmarkt ein Seitenflügel anfügt. Das Obergeschoss dieses Seitenbaues besteht aus Fachwerk und schließt mit einer schmalen Giebelfront ab. Eine offene fünfjochige Arkade zieht vor dem ganzen Untergeschoss entlang, eine Erinnerung an die einst offenen Arkaden des benachbarten Rathauses."[300]

Bild 84: Stadthaus, ehemals Sitz der Sparkasse[301], um 1910

Bild 85: Stadthaus, 2024 (Foto: Hans-Jürgen Reinhardt)

Architektonisch ist das Gebäude durch eine klare sachliche Fassadengestaltung mit einem Bezug zum daneben befindlichen Rathaus gekennzeichnet. Zunächst wurde das Stadthaus von der städtischen Sparkasse genutzt. Später verband man es mit dem Rathaus und nutzte es als Verwaltungsgebäude. Im Inneren gab es einen Stadtverordnetensitzungssaal.

Durch die Luftangriffe auf Nordhausen am 3./4. April 1945 wurde das Gebäude weitgehend zerstört. Nach dem Krieg baute die Stadt

---

[299] Kuhlbrodt u. a. 2003, S. 210
[300] Stolberg/Stolberg 1927, S. 611
[301] Sparkasse mit Kornmarkt. https://deutsche-schutzgebiete.de/wordpress/ projekte/kaiserreich /koenigreich-preussen/provinz-sachsen/nordhausen/, abgerufen am 30.12.2023

es wieder auf, wobei die ursprüngliche Fassade (Bild 85, Seite 139) teilweise wiederhergestellt wurde.[302] Auf das hohe schräge Dach, das Fachwerk und die Dachgeschosse verzichtete der Bauherr.

- **Badehaus (früher Stadtbad)**

Im Jahr 1906 beschloss der Stadtrat den Bau des Stadtbades in Verbindung mit einer Waschanstalt. Im gleichen Jahr wurde der Architekt Gustav Ricken mit der Planung beauftragt. Schon am 03.07.1907 konnte die feierliche Einweihung der Bade- und Waschanstalt stattfinden.

Bei dem Jugendstilbad (Bild 86) handelt es sich um einen dreiteiligen Baukörper, wobei der Giebel von zwei Ziertürmchen flankiert wird. Die Fassade wurde mit den typischen Dekors des Jugendstils ansprechend gestaltet.

Bild 86: Badehaus, 2018
(Foto: Hans-Jürgen Reinhardt)

Im Badehaus befanden sich eine große Schwimmhalle, ein

---

[302] Stadthaus Nordhausen. https://nordhausen-wiki.de/wiki/Stadthaus_Nord
hausen, abgerufen am 01.06.2024

Sonnenbad, 13 Wannenbäder und 27 Brausezellen sowie eine Waschanstalt. Die Beleuchtung des Bades erfolgte mit Gasglühlicht. Die Gesamtkosten für das Objekt betrugen 300.000 Mark. Im Jahr 1912 nutzten 98.768 Personen das Bad. Weiterhin wurden 10.801 Wannenbäder realisiert.[303] Die Waschanstalt hat man 1922 geschlossen und deren Räume für die Umkleide genutzt.

Im Zeitraum 1999 bis 2001 erfolgten eine umfassende Sanierung und Modernisierung des Bades. Dieses ausgewogen gestaltete Bauwerk hat seine eindrucksvolle Wirkung bis heute bewahren können und wird auch gegenwärtig von den Nordhäusern stark genutzt.

- **Postamt Nordhausen**

Die industrielle Entwicklung und die Bevölkerungszunahme der Stadt führten zu einem wachsenden Postverkehr und steigenden Anforderungen an die Telegrafie. Deshalb wurde von 1877-1878 ein Post- und Telegrafenamt errichtet. Baumeister war der Herr Kämmerer, den Grundriss entwarf der Architekt August Kind und die Fassaden der Berliner Architekt Leitlof. Letzterer führte auch die Ausführungsplanung durch. Die Einweihung des Postamtes fand am 30. Dezember 1878 statt. In den Jahren 1895-1896 wurde ein Erweiterungsbau in gleicher Art angefügt. Das zweigeschossige, winkelförmige Gebäude (Bild 87, Seite 142) besitzt zwei gleiche lange Straßenfronten, die durch einen erhöhten Mittelteil miteinander verbunden sind. Die Fassaden zu den beiden Straßen wurden mit gelben Ziegelsteinen verblendet. Diese Klinkerverblendung ist mit Terrakotta-Köpfen und -Friesen verziert worden.[304]

Während das Postamt eine lange Tradition hat, wurde das Telegrafenamt erst im 19. Jahrhundert in Preußen eingeführt. Die erste elektrische Telegrafenlinie entstand 1849 zwischen Berlin und Frankfurt am Main. In Nordhausen wurde das Telegrafenamt 1858 eingerichtet. Dadurch war eine schnelle Kommunikation über große Entfernungen von Nordhausen aus möglich geworden. Im Jahr 1906 arbeiteten 161 Beamte für das Postamt und 1912 waren

---

[303] Heineck 1927, Seite 209
[304] Postamt Nordhausen. https://de.wikipedia.org/wiki/Postamt_(Nordhausen), abgerufen am 11.03.2024

69 Beamte für das Telegrafenamt tätig.[305]

Bild 87: Ehemaliges Postamt Nordhausen nach der Renovierung, 2024
(Foto: Hans-Jürgen Reinhardt)

Heute befindet sich in diesem Gebäude eine Wohnanlage.

- **Ausgewählte Schulbauten**
Im Kapitel 5 wurde ein Überblick über die Schulneubauten des 19. Jahrhunderts bis zum 1. Weltkrieg gegeben. Für ausgewählte Schulen, deren Geschichte prägend war, werden die Schulbauten, ihre Geschichte und die baulichen Merkmale nachstehend kurz vorgestellt.
o **Bauten für das Gymnasium**
Das Nordhäuser Gymnasium hatte eine wechselvolle Geschichte. Johannes Spangenberg gründete es 1524 als Privatschule. Im Jahr 1525 zog die Schule in das freigewordene Dominikanerkloster ein. Ein Brand im Jahr 1710 zerstörte die Gebäude des Klosters. Ab 1711 wurde das Gebäude (Bild 88, links, Seite 143) für die Schule am gleichen Ort weitgehend neu aufgebaut. Die gewachsenen Anforderungen an das Gymnasium machten 1864 einen Neubau erforderlich. Dieser erfolgte von 1866 bis 1868 (Bild 88,

---

[305] Heineck 1927, S. 189

rechts) ebenfalls auf dem Gelände des ehemaligen Dominikaner-klosters.

Bild 88: Altes Gymnasium (links) und neues Gymnasium (rechts) in der Predigerstraße in Nordhausen.[306]

Es handelte sich um einen zweigeschossigen, klassizistischen Bau. Im Jahr 1884 wurde ein zusätzlicher Flügel wegen der gewachsenen Schülerzahl angebaut, sodass dort 490 Schüler unterrichtet werden konnten.[307]

Das Königliche Gymnasium und das Königliche Realgymnasium mit Vorschule zogen 1891 in ein neues Gebäude am Taschenberg ein. Weiterhin übernahm der Staat die Verantwortung für diese Schulen. Hans Silberborth schreibt in seiner Chronik zur Geschichte des Nordhäuser Gymnasiums: „[…] dass die Entwicklung, welche den Übergang des Gymnasiums aus den städtischen Händen in die Hände des Staates herbeigeführt hatte, für die Stadt Nordhausen und für die Schule in jenen Tagen des ausgehenden 19. Jahrhunderts von segensreichen Wirkungen begleitet gewesen ist."[308]

Das dreigeschossige Gebäude war 1878 als Volksschule eingeweiht worden. Im Mai 1879 konnte das „Städtische Altertums-Museum" in diesem Haus mit 4 Räumen eröffnet werden.

---

[306] Illustrierte Zeitung Nr. 1619 vom 11. Juli 1874, Sammlung Hans-Jürgen Grönke
[307] Gymnasium Nordhausen. https://nordhausen-wiki.de/wiki/Gymnasium_Nordhausen, abgerufen am 01.07.2024
[308] Silberborth, Hans: Geschichte des Nordhäuser Gymnasiums. Druck von Fr. Eberhardt, Inh.: Paul Meyer, Nordhausen, 1922, S. 198

Allerdings musste das Museum 1891 wieder ausziehen.[309]

Bild 89: Gymnasium und Realgymnasium am Taschenberg[310]

Bild 90: Gebäude des ehemaligen
Gymnasiums, 2024
(Foto: Hans-Jürgen Reinhardt)

Der in Anlehnung an den klassizistischen Stil errichtete Bau (Bild
89 und Bild 90) besteht aus zwei rechtwinklig angeordneten Sei-
tenflügeln, die durch einen hervorgehobenen Mittelteil verbunden
sind.

Bis zur Übergabe des Schulgebäudes an den Staat sollte die Stadt
eine Aula und eine Turnhalle errichten. Verzögerungen bei diesen
Baumaßnahmen führten dazu, dass der Umzug erst im Juli 1891
stattfinden konnte und die Turnhalle erst im Herbst 1891 zur Verfügung stand. In den folgenden Jahren musste noch ein Zeichensaal eingerichtet werden.[311]

Heute befindet sich in dem Gebäude ein Berufsschulzentrum.[312]

o **Höhere Töchterschule (Humboldt-Gymnasium)**

Die Gründung der „Höheren Bildungsanstalt für Töchter" fand im
Jahr 1808 mit 17 Schülerinnen statt. Die Schule war zunächst im
Becker'schen Stipendienhaus (gegenüber dem Rathaus) unterge-
bracht worden und zog 1833 in das sogenannte neue Waghaus
(Pferdemarkt) ein. Aufgrund der zunehmenden Zahl von

---

[309] Ein geschichtlicher Abriss: 125 Jahre städtisches Museum in Nordhausen,
https://www.nordhausen.de/news/news_lang.php?ArtNr=870, abgerufen 03.05.2018
[310] Realgymnasium am Taschenberg, https://nordhausen-wiki.de/wiki/Datei:
Realgymnasium_Taschenberg.png, abgerufen am 07.02.2024
[311] Silberborth 1922, S. 197-198
[312] Realgymnasium am Taschenberg. https://nordhausen-wiki.de/wiki/
Realgymnasium_Nordhausen, abgerufen am 07.02.2024

Schülerinnen, 1857 waren es schon 217 Schülerinnen, wurde 1861 ein neues Schulhaus (Bild 91), angelehnt an den klassizistischen Stil, in der Blasiistraße errichtet. In den Folgejahren (1876, 1891, 1905/1906) war es notwendig, Umbauarbeiten zur Anpassung an die schulischen Erfordernisse vorzunehmen. Im Jahr 1908 erhielt die Schule den Namen „Königin-Luise-Schule" und ab 1911 war die offizielle Bezeichnung „Lyzeum".[313]

Bild 91: „Unsere Schule von 1861 bis 1892."[314]

Nach dem Bombenangriff im April 1945 musste der Schulbetrieb in Nordhausen eingestellt werden, die meisten Schulen waren zerstört bzw. stark beschädigt. Da dieses Schulgebäude schnell wieder instandgesetzt werden konnte, wurde dort im November 1945 die Humboldt-Oberschule eröffnet. In dieser Schule hat die Schulbehörde die drei früheren höheren Schulen für Jungen und Mädchen von Nordhausen vereint.[315]

---

[313] Festschrift der Wilhelm-von-Humboldt-Oberschule Nordhausen 1958, S. 9-10
[314] Festschrift 1958, S. 11
[315] Festschrift 1958, S. 12

145

Daraus ging 1991 das Staatliche Gymnasium „Wilhelm von Humboldt" hervor. In den Jahren 2019-2021 wurde das Schulgebäude in Anlehnung an den historischen Bau neu aufgebaut und mit einem modernen Anbau versehen (Bild 92).

Bild 92: Neubau des Humboldt-Gymnasiums, 2024
(Foto: Hans-Jürgen Reinhardt)

○ **Wiedigsburgschule (Herder-Gymnasium)**
Infolge der gewachsenen Bevölkerungszahl war auch die Zahl der Schülerinnen und Schüler gestiegen. Man benötigte mehr Schulen. Folglich wurden 1905 der Nordflügel der Wiedigsburg als Mädchenvolksschule II und 1911 der Südflügel als Knabenvolksschule II errichtet. Der Baustil des Gebäudes wurde an den norddeutschen Backsteinbau angelehnt und ist auch durch Elemente des Jugendstils gekennzeichnet. Der Architekt Gustav Ricken war der Bauleiter.[316] Die Schule wurde von der Schulbehörde 1906 als Musterbau bewertet. Es gab z. B. geräumige Klassenräume, einen Zeichensaal, Sanitäranlagen mit Wasserspülung und ein

---

[316] Wiedigsburgschule. https://nordhausen-wiki.de/wiki/Wiedigsburgschule, abgerufen am 29.07.2024

Schulbrausebad. Nach der Erweiterung 1911 besuchten ca. 1.500 bis 1.700 Schüler die Schule jährlich.[317] In der Wiedigsburg war seit 1. September 1990 die Erweiterte Oberschule II beheimatet. Im Jahr 1992 erfolgte die Umbenennung der Erweiterten Oberschule II in Herder-Gymnasium.[318] Bild 93 zeigt den Innenhof der Schule und Bild 94 die Turnhalle im Jahr 2024.

Bild 93: Innenhof des Herder-Gymnasiums, 2024 (Foto: Hans-Jürgen Reinhardt)

Bild 94: Turnhalle des Herder-Gymnasiums, 2024 (Foto: Hans-Jürgen Reinhardt)

- **Theater in Nordhausen**

In diesem Kapitel soll auch auf die Entwicklung und Baugeschichte des Theaters in Nordhausen im 19. Jahrhundert eingegangen werden. Im 18. und zu Beginn des 19. Jahrhunderts gab es in Deutschland vor allem das feste Hoftheater (Oper, Singspiel, Ballett) und die Wanderbühne. Die Wanderbühne hatte keine eigene Spielstätte, aber professionale Schauspieler und Sänger sowie einen eigenen Fundus. Sie zog durch das Land und bot in der Regel volkstümliche Stücke auf einfachen Bühnen, z. B. in Gaststätten, an. Mit Beginn des 19. Jahrhunderts wuchsen die Anforderungen an die Qualität und die Darbietung der Theaterstücke. Eine Folge war, dass die ersten festen Theater in den Städten entstanden. Der Nordhäuser Kaufmann Christian Gotthardt Kettembeil ließ im

---

[317] Herder-Gymnasium. https://www.herder-gymnasium.de/?Wiedigsburg34, abgerufen am 29.07.2024

[318] Herder-Gymnasium, Namensgebung. https://herder-gymnasium.de/ueber-das-herder-gymnasium/, abgerufen am 23.11.2024

Jahr 1817 ein Schauspielhaus für 500-600 Zuschauer in der Rautenstraße 45 auf eigene Kosten errichten. Es handelte sich um einen Fachwerkbau, dessen Innenausstattung (z. B. Treppen und Säulen) aus Holz bestand. Die Bühne war großzügig gestaltet und es gab einen ersten und zweiten Rang.[319] Bespielt wurde das Theater von Schauspielgesellschaften, die Schauspiele, Operetten und Opern zur Aufführung brachten. Das Theater bezeichneten die Nordhäuser zunächst als „Berliner Hoftheater". Im Jahr 1843 erwarb der Weinhändler A. G. Schreiber das Theater. Es wurde daraufhin als Schreibersches Theater bezeichnet. Er hat es renoviert und 1851 umgebaut. Durch die Verpflichtung unterschiedlicher Schauspielergesellschaften konnte das Theater ein umfangreiches Programm anbieten. So wurde z. B. die Sondershäuser Hofschauspielergesellschaft öfter engagiert. Sie führte u. a. die Zauberflöte von Mozart auf. Im Jahr 1851 ließ Schreiber das Theater modernisieren (Bild 95).[320]

Bild 95: Schreibersches Theater, Innenansicht, 1859[321]

---

[319] Heine, Heinrich: Geschichte der dramatischen Aufführungen und des Theaters in Nordhausen. In: Das tausendjährige Nordhausen, zweiter Band, Theodor Müller, Nordhausen am Harz, 1927, S. 402
[320] Heine 1927, S. 417
[321] Heine 1927, Bild 24

Das Theater entsprach allerdings um 1880 nicht mehr den Anforderungen an die Feuersicherheit. Da die notwendigen Maßnahmen zur Anpassung an die neuen Bestimmungen zur Feuersicherheit zu umfangreich und zu teuer waren, wurde es 1881 geschlossen. Die letzte Vorstellung vor der Schließung war die Aufführung des „Fidelio" von der „Rheinischen Operngesellschaft".[322] Der Schirmfabrikant Burghardt ließ schon 1882 ein neues Theater, das er „Neues Tivolitheater" (Bild 96) nannte, errichten. Den Entwurf erarbeitete der Stadtbaumeister Habermann und die Bauausführung lag in den Händen von Maurermeister Erich Kaufmann. Vorbild war das Wagnersche Festspielhaus in Bayreuth. Die Veranstaltung zur Eröffnung hatten über 1.000 Personen besucht.[323]

Bild 96: Neues Tivolitheater, 1882-1912, Ansicht von Norden[324]

Zunächst war das Theater für den Sommerbetrieb gebaut worden, jedoch schon nach der ersten Sommerspielzeit wurde es für den Winterbetrieb umgebaut. Aufgeführt wurden Schauspiele, Lustspiele und Opern von verschiedenen Theatern, wie z. B. vom Dortmunder Stadttheater und von der Großherzoglichen Oper zu Weimar. Das Theater hatte öfter den Besitzer gewechselt. Ab 1899 gab es zunehmend finanzielle Schwierigkeiten. Die Stadt

---

[322] Heine 1927, S. 401-427
[323] Heine 1927, S. 431
[324] Heine 1927, Bild 25

unterstützte das Theater z. B. 1907/1908 mit insgesamt 4.500 M. Trotzdem kam es zu Einbußen. Aufgrund der wachsenden Verluste verkaufte der letzte Besitzer, der Theaterdirektor Schulhoff, das Theater für 116.000 M und den Theaterfundus für 5.000 M im Jahr 1911 an die Stadt Nordhausen.[325] Nachdem sich gezeigt hatte, dass die Renovierung des gekauften Theaters zu teuer wurde, entschloss sich die Stadt, ein neues Theater zu bauen. Das alte Gebäude wurde abgerissen und 1913 mit dem Neubau begonnen. Aufgrund des 1. Weltkrieges konnte das Theater nicht wie geplant 1914, sondern erst 1917 fertiggestellt werden. Zunächst waren Stadtbaurat Geißler und Dipl.-Ing. Nerlich für den Bau des Theaters verantwortlich. Da sie zum Militärdienst eingezogen wurden, übernahmen dann Regierungsbaumeister Onneken und Architekt Ricken die Arbeiten bis zur Fertigstellung.[326] Der Stil des Bauwerks (Bild 97) entspricht dem neoklassizistischen Baustil, wie die Säulen, das Giebeldreieck über dem Eingang, die klaren Linien und symmetrischen Formen zeigen.

Bild 97: Stadttheater Nordhausen, 1927[327]

[325] Heine 1927, S. 435
[326] Theater Nordhausen. https://nordhausen-wiki.de/wiki/Geschichte_des_ Theaters_Nordhausen, abgerufen am 23.01.2024
[327] Heine 1927, Bild 27

Auch der Zuschauerraum war stilistisch überzeugend gestaltet worden. In ihm fanden 629 Besucher einen Sitzplatz. Das Bühnenhaus hatte eine beachtliche Größe, es war 15 m breit und 17 m hoch. Außerdem besaß es eine Seitenbühne und war mit modernsten technischen Einrichtungen ausgerüstet worden. Die Eröffnung fand durch eine Festvorstellung am 29. September 1917 mit Werken von Beethoven, Goethe, Schiller und Lessing statt.[328] Die Gestaltung des Theaters und seine städtebauliche Einordnung fanden in der Presse viel Anerkennung. So schrieb z. B. eine Sondershäuser Zeitung: „Ein Ruhmesblatt in der Geschichte Nordhausens ist die Erbauung dieses Stadttheaters. Äußerlich gewährt das Gebäude in seiner schlichtgroßen Form, gestellt auf einen herrlichen Schmuckplatz, einen vollbefriedigenden Anblick; betrachtet man das Innere, ist man überrascht von der geradezu mustergültigen Lösung einer so schwierigen Aufgabe."[329]

- **Villa Becker, Kunsthaus Meyenburg**
Die oben genannte Villa wurde 1907/1908 für den Zeitungsverleger Theodor Müller (1832-1889) in der Osterstraße (heute: Alexander-Puschkin-Straße) erbaut. Der Architekt war Friedrich von Ehlen. Das Bauwerk ist vor allem durch Stilelemente des Jugendstils und des Historismus gekennzeichnet, wie u. a. die Schmuckelemente am Turm und am Giebel der Vorderansicht zeigen. Im Jahr 1916 erwarb A. Becker jun., Fabrikant, die Villa. Er ließ den Park 1919/1920 von dem Gartenarchitekten Wilhelm Röhnick (Dresden) und dem Gärtnermeister Theodor Bauckmann (Nordhausen) anlegen.[330]
Der Fabrikant Becker verkaufte die Villa 1926 an die Stadt Nordhausen, die dort 1927 ein Museum für Stilmöbel einrichtete. Bild 98 (Seite 152) zeigt die Villa im Jahr 2018. In dieses Bild wurde unten rechts ein original erhaltener Türrahmen mit Tür im Jugendstil eingeblendet. Die Türrahmen, die Türen und das Treppenhaus sind im ursprünglichen Zustand erhalten geblieben. Das Treppenhaus wird durch ein schönes Bleiglasfenster (nach Original

---

[328] Heine 1927, S. 437-438
[329] Heine 1927, S. 437
[330] Kürbis 1998, S. 22

restauriert) belichtet. Die Raumstruktur, als Beispiel für die dama-
ligen Villen, war 1913 wie folgt gestaltet worden: Erdgeschoss: 1
Küche, 1 Diele, 1 WC, 5 Wohnräume, 1 Terrasse. Erstes Oberge-
schoss: 1 Diele, 1 Badestube, 1 WC, 5 Wohnräume und Balkon.
Der Anschluss an die Kanalisation erfolgte 1913.[331] Eine Beson-
derheit ist der markante Turm, er ermöglicht einen interessanten
Blick über die Stadt und in die Goldene Aue bis zum Kyffhäuser
Gebirge.
Im Jahr 2002 fand eine umfangreiche Restaurierung statt. Heute
ist die Villa das Domizil des Kunsthauses Meyenburg.

Bild 98: Kunsthaus Meyenburg und Zwischentür mit Rahmen, 2018
(Fotos: Hans-Jürgen Reinhardt)

9.3.2 Wohnhäuser und Villen
- **Haus Rosenthal**

Im Jahr 1908 wurde das Haus Rosenthal am Marktplatz (Bild 99,
Seite 153) für den Bäckermeister Karl Rosenthal errichtet. A. Stolberg und F. Stolberg charakterisierten das Haus wie folgt: „So er-
scheint das 1908 am Marktplatz erbaute Haus Rosenthal im Ge-
wande eines stattlichen Fachwerkbaues der niederdeutschen

---

[331] Kürbis 1998, S. 22

(Hildesheimer) Art, mit wuchtigem Giebel, stattlichen Pfosten, Rähmen und Schwellen. Sprüche und der Stammbaum des alten Nordhäuser Bürgergeschlechts Rosenthal zieren die letzteren, das ganze Werk ist ein monumentaler Ausdruck alten reichsstädtischen Bürgerstolzes."[332] Das Fachwerk war auf einem Untergeschoss aus Sandstein aufgesetzt.

Bild 99: Haus Rosenthal[333]

Im Keller befand sich die Backstube und darüber gab es verschiedene Läden.[334] Das Gebäude fügte sich gut in die Umgebung ein und galt als Sehenswürdigkeit.
Es wurde bei den Luftangriffen am 3. und 4. April 1945 durch englische Bomber zerstört.

---

[332] Stolberg/Stolberg 1927, S. 611
[333] Stolberg/Stolberg 1927, Abb. 77
[334] Rosenthal-Haus. https://nordhausen-wiki.de/wiki/Rosenthal-Haus, abgerufen am 30.07.2024

- **Villa Lindenhof**

Die Villa Lindenhof (Bild 100) wurde in der Zeit von 1874 bis 1880 auf einem ehemaligen Bauernhof, der etwa 6 Morgen umfasste, am Geiersberg für Kommerzienrat Moritz Riemann gebaut.[335] Er war Teilhaber der Firma J. F. Riemann, einer mechanischen Baumwoll- und Buntweberei, die 1851 gegründet worden war.[336]

Bild 100: Villa Lindenhof[337]

Der Architekt der Villa war Ludwig Bohnstedt (Gotha) und die Ausführung übernahm der Baumeister Karl Habermann (Nordhausen). Die Villa wurde im Stil der italienischen Landhaus-architektur, angelehnt an die italienische Renaissance, errichtet. Es handelte sich um einen teilweise eingeschossigen und teilweise zweigeschossigen massiven Bau mit einem Flachdach. Auf dem Flachdach gab es eine begehbare Terrasse mit Balustrade. Das Gesims am Dach war als breiter Fries mit Ornamenten gestaltet worden. Die Westfassade wurde durch einen vorspringenden Gebäudeteil aufgelockert. Weiterhin gab es einen Wintergarten.

---

[335] Villa Lindenhof. https://nordhausen-wiki.de/wiki/Villa_Lindenhof_
Nordhausen, abgerufen am 06.11.2023
[336] Stolberg/Stolberg 1927, S. 136, 264
[337] Ansichtskarte Villa Lindenhof Nordhausen. https://nordhausen-wiki.de/wiki/
Datei:Lindenhof_Nordhausen_Farbe.jpg, abgerufen am 06.11.2023

Das repräsentative Erdgeschoss umfasste 13 Räume, die z. T. aufwendig gestaltet waren. Der Saal hatte die beachtliche Größe von ca. 120 m². Er besaß Intarsienparkett und drei wertvolle Wandspiegel, die mit vergoldeter Holzschnitzarbeit verziert waren. Über eine mit schmiedeeisernem Geländer versehene Treppe gelangte man ins Obergeschoss. Dort befanden sich Schlaf-, Kinder- und Fremdenzimmer.[338]

Die Villa umgibt eine etwa 14.166 m² große Parkanlage im „Englischen Stil". Der Park war als Arboretum von Moritz Reimann gestaltet worden. Besonders hervorzuheben ist die Vielzahl an Koniferen, insbesondere Kiefern, Lärchen, Fichten und Blaufichten, die auch noch heute im Park zu finden sind. Es gibt weiterhin stattliche Laubbäume, vor allem Ahorn, Linden, Kastanien und Eichen, im Park.[339]

Die Villa wechselte häufig den Besitzer: Kaufmann Rudolf Nöllenburg (1906), Deutsche Kaliwerke Bernterode (1908) und weitere neunmal bis zum Jahr 2021.[340]

Gegenwärtig ist die Villa eine Ruine. Sie soll gemeinsam mit dem verwilderten Park verkauft werden. Der Verfall dieser architektonisch bedeutenden Villa der Gründerzeit stellt einen bauhistorischen Verlust für die Stadt Nordhausen dar.

- **Villa Kneiff und Park Hohenrode**

Auf das Ensemble Villa und Park Hohenrode wird detailliert eingegangen, weil es ein bedeutsames historisches Denkmal des 19. Jahrhunderts der Stadt Nordhausen ist. Die Villa und der Park Hohenrode wurden in wesentlichen Teilen von dem Unternehmer Carl Kneiff (siehe Kapitel 7.5.4.3) im Zeitraum 1874/75 geschaffen und von seinem Sohn Fritz Kneiff erweitert. Das Grundstück hatte Carl Kneiff von seiner Mutter geerbt. Es gehörte seit 1816 dem Vater der Mutter, dem Branntweinfabrikanten Johann Chr. Vollborn. Dieses Gelände soll teilweise als Viehweide genutzt

---

[338] Nnz: Wird ein Wunder geschehen", 2006. https://www.nnz-online.de/news/news_lang.php?ArtNr=35068, abgerufen 04.01.2024

[339] Kneffel, Heidelore: Erinnerungen an den Lindenhof, 2018. https://www.nnz-online.de/news/news_lang.php?ArtNr=335404, abgerufen am 06.11.2023

[340] Villa Lindenhof. https://nordhausen-wiki.de/wiki/Villa_Lindenhof (Nordhausen), abgerufen am 06.11.2023

worden sein und war mit Obst- und Maulbeerbäumen sowie Linden bewachsen.[341] Die architektonischen Arbeiten und die Gestaltung des Parks hatte Carl Kneiff damals in Deutschland führenden Fachleuten übertragen, dem Architekten Ludwig Bohnstedt (Gotha) und den Gartenarchitekten Heinrich Siesmayer (Frankfurt a. M.) sowie dessen Sohn Philipp Siesmayer (Erweiterung 1904-1908).[342] Dieter Dolgner schreibt über den Park und die Villa Kneiff in Nordhausen: „Die Gestaltung des heute wegen seiner dendrologischen Kostbarkeiten berühmten Landschaftsparks besorgte Bohnstedt gemeinsam mit dem Frankfurter Garten-baumeister und ersten Direktor des Frankfurter Palmengartens H. Siesmayer. Bohnstedt legte die Gesamtanlage des Parks fest, die Führung der Wege und die Standorte der Baulichkeiten. Außer der im Zentrum des Parks gelegenen Villa errichtete Bohnstedt im Nordwesten einen verglasten Pavillon und im Osten unweit der Villa ein Wirtschaftsgebäude mit Wohnungen der Bediensteten, Pferdeställen, Remisen […]“.[343] Einen guten Gesamtüberblick gibt Bild 101 (Seite 157). Es zeigt die Villa, den Plan für die Gestaltung des Parks, einen Brunnen mit Fontäne, eine Sichtachse und einen Steingarten vor dem Haus. Weiterhin gab es auf dem Gelände eine Grotte, ein Gewächshaus, eine Wohnung für den Gärtner und eine Scheune. Im Jahr 1874 erhielt Bohnstedt den Auftrag zum Entwurf einer repräsentativen Villa vom Unternehmer C. Kneiff. Bei dem Entwurf lehnte er sich an die italienischen Villen des 16. Jahrhunderts an (Bild 102, Seite 158). Die Realisierung der Villa fand schon 1874 bis 1875 statt, wobei Bohnstedt auch den Bau geleitet haben soll. Es handelt sich um ein quadratisches Gebäude (Bild 103, Seite 158) mit drei Geschossen und einem Mezzaningeschoss. Weitere Merkmale des Bauwerks sind:

- Oberlicht durch Glasdach und zwei gläserne Decken bis ins Erdgeschoss,
- Aussichtsplattform über nördlichen Eingang,

---

[341] Vogt, Barbara: Park Hohenrode Nordhausen. Südharzdruckerei Nordhausen GmbH, Nordhausen, 2001, S. 35

[342] Park Hohenrode Nordhausen. https://park-hohenrode-nordhausen.de/geschichte.html, abgerufen am 10.07.2024

[343] Dolgner, Dieter: Architektur im 19. Jahrhundert: Ludwig Bohnstedt, Leben und Werk. Hermann Böhlaus Nachf., Weimar, 1979, S. 56

- Terrasse mit einer Balustrade auf vorgezogenem Kellergeschoss,
- Mittelrisalit mit aufgesetzten Dreiecksgiebel,
- Wintergarten als gläserner Pavillon.[344]

Bild 101: Parkanlagen für Herrn Carl Kneiff Nordhausen, Gebrüder Sies-mayer, Frankfurt a. M. – Bockenheim und Vilbel, Schmuckblatt, wahr-scheinlich um 1900 entstanden[345]

---

[344] Dolgner 1979, S. 58
[345] Schmuckblatt der Gartenbaufirma Gebrüder Siesmayer um 1900, Stadtarchiv Wiesbaden, Signatur WI/2/1951

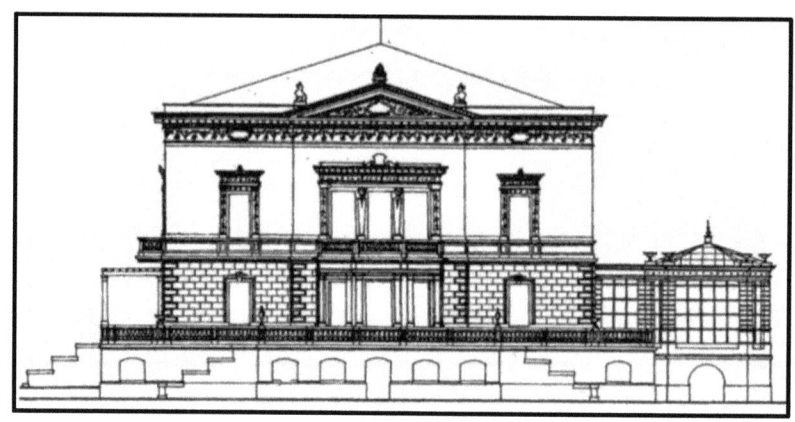

Bild 102: Villa Kneiff, gezeichnet von Ludwig Bohnstedt, Aufriss der Südseite[346]

Bild 103: Ansicht der Villa Kneiff um 1900[347]

---

[346] Dolgner 1979, Bild 11, S. 57
[347] Kopie aus dem Schmuckblatt der Gartenbaufirma Gebrüder Siesmayer um 1900, Stadtarchiv Wiesbaden, Signatur WI/2/1951

Bild 104 gibt einen Überblick über das Erdgeschoss. Man erkennt die großzügige und interessante architektonische Gestaltung. Der Flur ist mit am Fuß verzierten Säulen versehen worden, die Decken besitzen Stuckelemente und das Tageslicht fällt über eine farbige Glasdecke in den Raum.

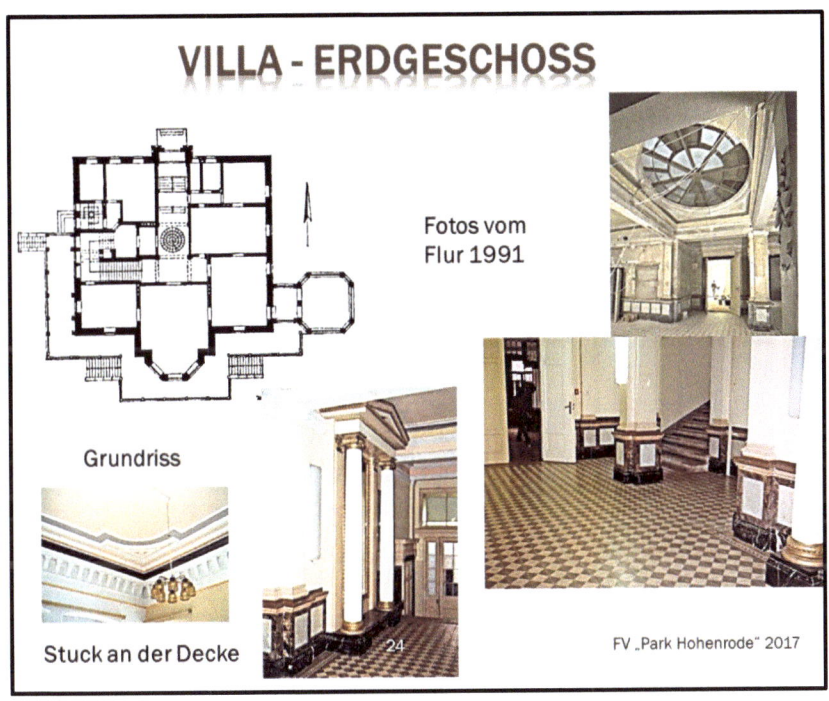

Bild 104: Erdgeschoss[348] der Villa Kneiff, 1991
(Fotosammlung Gisela Hartmann)

Carl und Fritz Kneiff waren engagierte Dendrologen. Sie haben den Park als weiträumigen englischen Garten mit Sichtachsen angelegt und durch umfangreiche Baumpflanzungen, einem Alpinum sowie einer Grottenanlage weiter ausgestaltet. Die dendrologischen Sammelschwerpunkte waren vor allem:

---

[348] Reinhardt, Hans-Jürgen: Vortrag und CD „Villenpark Hohenrode", 2017,
Folie 24, Quelle: Fotosammlung Gisela Hartmann

Eichen (60 Arten), Ahorne (50 Arten), Eschen (24 Arten), Ulmen (15 Arten) und Fichten (23 Arten). Weiterhin pflanzten sie eine Vielzahl von Arten an Weißdorn, Berberitzen und Schneeball-sträuchern an.[349]

Fritz Kneiff schrieb 1924 über die Entwicklung des Parks und seine Besonderheiten eine inspirierende Veröffentlichung mit dem Titel „Fremde Gehölze für den deutschen Park".[350]

Die Geschichte der Villa wird wie folgt zusammengefasst:

- 1874-1875 wird die Villa auf der Basis des Entwurfs von Ludwig Bohnstedt gebaut.
- Die Familie Kneiff nutzte die Villa bis 1945.
- Von 1945 bis 1990 gab es 5 wechselnde Nutzungen des Gebäudes teilweise in Verantwortung der Stadt.
- Die Villa wurde 1990 den Nachfahren der Familie Kneiff, Klaus und Martha Bäuerle, zurückgegeben.
- Familie Bäuerle verkaufte die Villa und den Park Hohenrode an die Bürgerstiftung „Park Hohenrode" im Jahr 2010.

Durch eine breite ehrenamtliche Initiative vieler Nordhäuser und Sponsoren, die sich in einer Bürgerstiftung und einem Förder-verein organisiert haben, konnten die Villa, der Pavillon und das Wirtschaftsgebäude sowie der Park der Familie Kneiff erhalten werden. Der Park wird vom Förderverein „Park Hohenrode" e. V. systematisch gepflegt und die Bepflanzung wurde und wird teilweise erneuert.[351]

- **Villa Kramer, Wallrothstraße**

Im Jahr 1857 konnte Dr. August Ephraim Kramer (1817-1885) in seine neu erbaute Villa in der Wallrothstraße 4 einziehen.[352] An dieser Stelle soll kurz auf die wissenschaftlichen Leistungen von Dr. Kramer eingegangen werden.

Nach dem Studium der Mathematik, Naturwissenschaften und Phi-losophie sowie der Promotion war er ab 1840 als Lehrer an der

---

[349] Vogt 2001, S. 79
[350] Kneiff, Fritz: Fremde Gehölze für den deutschen Park. In: Die Garten-schönheit, 4.Jg. (1924) S. 194-196
[351] Park Hohenrode. https://park-hohenrode-nordhausen.de, abgerufen am 10.07.2024
[352] Kuhlbrodt u. a. 2003, S. 97

Realschule und danach am Gymnasium in Nordhausen tätig. Im Jahr 1846 erfand er den elektromagnetischen Zeigertelegrafen, den er kontinuierlich verbesserte und sich patentieren ließ. Im Jahr 1849 zog er nach Berlin, um sich auf die Weiterentwicklung, Anwendung und Vermarktung des Zeigertelegrafen zu konzentrieren. Seine Erfindung fand in der Staatstelegrafie und bei der Eisenbahn als Kommunikationsmittel breite Anwendung. Nach Beendigung der Arbeiten in Berlin kehrte er nach Nordhausen zurück und heiratete 1853 seine Cousine. Für seine Erfindungen erhielt er einen Staatspreis der preußischen Regierung.[353] Durch das Preisgeld und die Einnahmen aus der Nutzung seiner Erfindung war es ihm möglich, die Villa in der Wallrothstraße 4 (Bild 105) zu bauen.

Bild 105: Villa Kramer, 2024
(Foto: Hans-Jürgen Reinhardt)

Es handelt sich um eine schlichte, aber monumentale klassizistische Villa mit drei Geschossen und einer symmetrisch gestalteten Fassade. Einige typische Gestaltungsmerkmale sind auch nach

---

[353] August Kramer. https://de.wikipedia.org/wiki/August_Kramer_(Erfinder), abgerufen am 16.03.2024

der Restaurierung noch zu erkennen:
- rechteckige Fenster, schlichte Fenstereinfassungen,
- Mittelrisalit mit Rundfenster und Dreiecksgiebel zum Abschluss.[354]

Nach dem Tod von Dr. August Kramer im Jahr 1885 kaufte ein Malzfabrikant die Villa. Heute befindet sich dort die Industrie- und Handelskammer.

- **Spätklassizistische Villa in der Wilhelm-Nebelung-Straße**

Der Bankier Fritz Schönfeld ließ sich 1880/1881 eine zweigeschossige Villa (Bild 106) in der Alleestraße (heute: Wilhelm-Nebelung-Straße) bauen.

Bild 106: Villa Wilhelm-Nebelung-Straße, 2024
(Foto: Hans-Jürgen Reinhardt)

Die Villa wurde auf einem etwa 818 m² großen Grundstück unter Leitung des Nordhäuser Architekten Carl Habermann erbaut. Es handelt sich um eine zweigeschossige Villa im spätklassizistischen Stil. Sie ist durch Symmetrie und harmonische Proportionen

---

[354] Modernisierung in Titanzink „Liniengetreu". https://www.sbz-online.de/sites/default/files/ulmer/de-sbz/document/file_187193.pdf, abgerufen am 16.03.2024

gekennzeichnet. Die Fassade wurde verklinkert. Der Giebel im Osten wird von einem Mittelrisalit mit aufgesetztem Dreiecksgiebel geprägt. Der Eingang liegt auf der Westseite (Bild 107) und wird von zwei Pilastern mit einem Gesims und einem Dreiecksgiebel umrahmt. Bild 108 zeigt eine Ädikula mit einer Statue an der Nordseite, wie sie oft in der Gründerzeit eingesetzt wurde.

Bild 107: Eingang, 2024
(Foto: Hans-Jürgen Reinhardt)

Bild 108: Ädikula mit Statue, 2024
(Foto: Hans-Jürgen Reinhardt)

Fritz Schönfeld war Bankier und Mitinhaber der Firma Grelling & Schönfeld, die Bank- und Wechselgeschäfte in Nordhausen durchführte.[355] Er war verheiratet und hatte 2 Söhne. Nachdem Fritz Schönfeld 1885 verstorben war, übernahm seine Witwe, Adele Schönfeld, die Villa. Sie heiratete einige Jahre später Adolf Collin und zog nach Berlin.[356] Das Grundstück in Nordhausen wurde an den Tabakfabrikanten Hermann Hanewacker verkauft. Im Jahr 1891 ist Hermann Hanewacker als Eigentümer dieses Anwesens im Adressbuch der Stadt Nordhausen ausgewiesen.[357] Nachdem

[355] Adressbuch der Stadt Nordhausen für das Jahr 1886. https://zs.thulb.
uni-jena.de/receive/jportal_jpvolume_00283815, abgerufen am 20.09.2024
[356] Ernst Heinrich Collin (Schönfeld). https://www.geni.com/people/Ernst-
Collin/6000000002765687649, abgerufen am 20.09.2024
[357] Adressbuch der Stadt Nordhausen für das Jahr 1891. https://zs.thulb.uni-
jena.de/receive/jportal_jpvolume_00283815, abgerufen am 20.09.2024

die Stadtbibliothek von Nordhausen 2014 aus der Villa ausgezogen war, wurde sie modernisiert und umgebaut. Es entstanden Büro- und Praxisflächen im Erdgeschoss sowie Wohnungen in den oberen Geschossen.[358] Die Fassade wurde originalgetreu renoviert.

- **Jugendstilhaus in der Grimmelallee**
Der Stadtbaumeister Claus Habermann erbaute 1904/1905 für Robert Hoffmann in der Grimmelallee ein Jugendstilhaus (Bild 109).

Bild 109: Jugendstilhaus Grimmelallee 46, 2018 (Foto: Hans-Jürgen Reinhardt)

Bild 110: Haustür, 2018 (Foto: Hans-Jürgen Reinhardt)

Robert Hoffman besaß eine Gelbgießerei und eine Metallwarenhandlung in Nordhausen. Im Adressbuch von 1906/1907 war er als Besitzer des Hauses in der Grimmelallee ausgewiesen.[359] Es

---

[358] Umbau und Modernisierung einer klassizistischen Villa. https://www.michael-flagmeyer.de/architekt-nordhausen-umbau-sanierung-modernisierung-villa-wohnung-mietwohnung-mehrfamilienhaus-wohnhaus-buero-praxis-kanzlei-nordhausen-thueringen/, abgerufen am 20.09.2024

[359] Robert Hoffman, Adressbuch der Stadt Nordhausen für das Jahr 1906/1907. https://zs.thulb.uni-jena.de/receive/jportal_jpvolume_00283815, abgerufen am 20.09.2024

handelt sich um ein zweigeschossiges Haus mit Keller- und Dach-
geschoss sowie stark strukturierter vorderer Fassade, die besonders durch den Achteckturm belebt wird. Auf diesem eindrucksvol-
len Turm wurde ein mit Kupfer beschlagenes Dach angebracht. Die
Charakteristika des Jugendstils sind an diesem Haus deutlich er-
kennbar: geschwungene Linien, Blumen, Ranken und symbolische
Figuren. Typisch für den Jugendstil ist auch die Gestaltung der
Haustür mit seinem Rahmen (Bild 110, Seite 164). Hervorzuheben
ist die bunte Bleiverglasung mit Sonne und Wolken, Pflanzen und
einem Schwan. Die Villa war bis 1945 Wohnsitz der Familie Hoffman. Auch danach wurde die Villa als Wohngebäude genutzt. In
den 1990er Jahren fand eine aufwendige Sanierung statt.

9.4 Fabrikarchitektur

Die rasante Entwicklung neuer Technologien und Produktionsmethoden im 19. Jahrhundert führte zu neuen Anforderungen an die
Gestaltung der Produktionsstätten. Es entstand eine spezifische
Fabrikarchitektur (Industriearchitektur).
Der Begriff Fabrik war bis zum Beginn des 19. Jahrhunderts weitgehend unbekannt. Er wurde dann auf Produktionsstätten angewendet, die durch Massenfertigung, mechanischen Antrieb und ar-
beitsteilige Organisation gekennzeichnet waren. Die typischen
Merkmale der Gebäude, die man der Fabrikarchitektur im 19. Jahrhundert zuordnete, sind:

o Gebäude für Massenanfertigung von Produkten unter Nutzung von mechanischem Antrieb in den Arbeitsräumen,
o funktionale Gliederung der Räume entsprechend arbeitstei-
liger Organisation,
o großzügige Abmessungen der Gebäude,
o Anwendung dekorativer Elemente in Anlehnung an den
Historismus (z. B. Pilaster und Gesimse) für die Fassade.[360]

Es fanden zunehmend auch neue Materialien, wie z. B. Stahl und
Beton, Anwendung.
In Nordhausen handelte es sich hauptsächlich um Fabrikations-

---

[360] Bertsch, Christoph: Fabrikarchitektur. Entwicklung und Bedeutung
einer Baugattung anhand Vorarlberger Beispiele des 19. und 20. Jahrhunderts. Vieweg Verlag, Braunschweig, 1981, S. 17-18

hallen und Verwaltungsgebäude, die damals errichtet wurden. Trotz der gewaltigen Zerstörung von Fabriken, Häusern und Straßen durch die englischen Bombenangriffe am 3. und 4. April 1945 sind noch einige typische Fabrik- und Verwaltungsgebäude aus dem 19. Jahrhundert und Anfang des 20. Jahrhunderts erhalten geblieben. Beispiele werden nachfolgend vorgestellt.

- **Tabakfabrik Kneiff (siehe Kapitel 7.5.4.3)**
Die neue Tabakfabrik der Firma Kneiff wurde 1894 errichtet, weil die Hälfte der Fabrikgebäude und das Produktlager in der Hagenstraße 1893 durch einen großen Brand zerstört worden waren. Das Fabrikgelände bestand aus dem Fabrikationsgebäude, einer Villa für den Besitzer und die Verwaltung sowie einem Park (Bild 36, Seite 70). Das neue Fabrikgebäude war großräumig und funktional gegliedert (Bild 111).

Bild 111: Fabrikgebäude der ehemaligen Firma Kneiff, 2018
(Foto: Hans-Jürgen Reinhardt)

Die Nutzung und Aufteilung der einzelnen Etagen erfolgte streng gegliedert nach den einzelnen Produktionsschritten bei der Herstellung von Kautabak. So gab es ein Rohtabaklager, einen Saal für Deckenmacher, eine Kocherei, einen Spinnersaal, einen Röllchenmachersaal, ein Rollenlager, einen Trockenboden, Räume für Rauchtabakschneidemaschinen, eine Röst- und Siebanlage für

Rauchtabak sowie Paketiermaschinen in dem Gebäude.[361] Das lang gestreckte Produktionsgebäude war viergeschossig aus roten und gelben Klinkern ausgeführt worden. Die Fassade wurde mittels Segmentbogenfenstern, Pilastern und Gesimsen sowie Dreiecksgiebeln eindrucksvoll gestaltet.

Häufig wurde in dieser Zeit die Villa oder das Wohnhaus des Unternehmers direkt neben der Fabrik gebaut, wie auch in diesem Fall. Weiterhin dienten diese Bauten oft auch zu Verwaltungszwecken. Die Villa (Bild 112) wurde damals von der Familie von Rudolf Kneiff, dem Bruder von Fritz Kneiff, bewohnt.

Bild 112: Villa der Familie Rudolf Kneiff, 2018
(Foto: Hans-Jürgen Reinhardt)

Die Villa ist ein zweigeschossiger, symmetrischer Bau. Der Baustil entspricht dem Historismus. Die Fassade ist durch einen Treppenturm, Segmentbogenfenster und verschiedene Gesimse gekennzeichnet.

---

[361] Festschrift 100 Jahre Kneiff, S. 14-22

- **Kornbrennerei Seidel (siehe Kapitel 7.4.3)**

Der Brennherr Joseph Seidel errichtete 1907/1908 in der Grimmel-allee eine neue Brennerei mit Villa in Form eines geschlossenen Gebäudekomplexes. Dazu gehörten die Räume für die Produktionsanlagen, die Lager, die Verpackungsmaschinen und das Büro, die Verladung im Hof sowie die Villa für die Unternehmerfamilie Seidel. Die Architekten Hans Mencke & Eduard Jürgens erarbeiteten den Entwurf.[362]

Die Brennerei und die dazu gehörigen Gebäude im Jahr 2018 zeigt Bild 113.

Bild 113: Brennereigebäude und Hof der Brennerei Seidel, 2018
(Foto: Hans-Jürgen Reinhardt)

Die Bauten wurden rechteckig angeordnet und hauptsächlich zweigeschossig ausgeführt. Das Produktionsgebäude mit dem herausragenden 30 m hohen Schornstein besteht aus roten Ziegelsteinen. Fenster und Türen wurden teilweise mit Segmentbögen ausgeführt. Die Innenräume sind den jeweiligen Produktionsschritten angepasst worden, sie waren also voll funktional

---

[362] Die Brennerei Joseph Seidel. In: „Welt" am 14.11. 2007. https://www.welt.de/wirtschaft/article1361368/Die-Brennerei-Joseph-Seidel.html., abgerufen am 16.07.2024

strukturiert. Das Verwaltungsgebäude ist als Fachwerkbau mit gie-
belförmigen Aufbauten, deren Fassaden mit Schiefer verkleidet
sind, gebaut worden.
Die Villa (Bild 114) hat eine aufwendige und repräsentative Fassade.

Bild 114: Villa des ehemaligen Brennereibesitzers Joseph Seidel, 2024
(Foto: Hans-Jürgen Reinhardt)

Es wurden vor allem Elemente des Historismus und des Jugendstils verwendet. So ist die Fassade durch einen Mittelrisalit mit einem steilen Dach und einem Erker gekennzeichnet. Es gibt Seg-
mentbogen- und Rundbogenfenster sowie rechteckige Fenster.
Die hell verputzten Flächen wurden mit Ornamenten geschmückt.
Bemerkenswert ist die Gestaltung des steilen Giebels als Fachwerk. Die Hölzer des Fachwerks und der Veranda wurden mit

bunten Holzschnitzereien, denen teilweise Jugendstilornamente zugrunde liegen, gestaltet. Diese Schnitzarbeiten führte der Holzschnitzer Eugen Richter, der auch eine Möbeltischlerei in Nordhausen betrieb, durch.[363]

Die Sanierung und Restaurierung der ehemaligen Produktionsanlagen fanden 1998 statt und die der Villa von 1990 bis 1994.

- **Firma Schmidt, Kranz & Co. (siehe 7.8.3)**

Im Jahr 1893 verlagerte die Firma ihre Produktionsstätten von Unter den Weiden/Johannistreppe in die Ullrichstraße/Uferstraße. 1905 wurde das Verwaltungsgebäude errichtet und 1906 bezogen.[364] Es ist ein zweigeschossiges Gebäude (Bild 115), bei dem die Fassade in Anlehnung an den historistischen Baustil gestaltet wurde.

Bild 115: Ehemaliges Verwaltungsgebäude von Schmidt, Kranz & Co., 2018 (Foto: Hans-Jürgen Reinhardt)

So werden z. B. Segmentbogenfenster und Klinker zur Strukturierung der Fassade benutzt.

Die Fabrikgebäude der Firma wurden kontinuierlich den technischen und technologischen Erfordernissen angepasst. Die

---

[363] Eugen Richter. https://nordhausen-wiki.de/wiki/Eugen_Richter, abgerufen am 08.01.2024
[364] Bosse 2016, S. 407-408

Fassade der wahrscheinlich in den Zwanzigerjahren des 20. Jahrhunderts errichteten Fertigungsstätte ist erhalten geblieben (Bild 116). Das eingeschossige Fabrikgebäude besteht aus mehreren langen, giebelständigen Hallen, die über Oberlichter belichtet werden. Die Giebel wurden durch Segmentbögen, Pfeiler rechts und links sowie durch eine besondere Strukturierung des oberen Drittels der Giebel mittels Klinker anspruchsvoll gestaltet.

Das Gebäude hat Schmidt, Kranz und Co. nach der Wiedervereinigung 1990 wieder erworben, saniert und modernisiert. In diesen Gebäuden hat dann die Tochterfirma Maximator eine neue Heimat gefunden.

Bild 116: Panoramabild der Ansicht der Fabrik von ehemals Schmidt, Kranz und Co., heute Maximator, 2024 (Foto: Hans-Jürgen Reinhardt)

10 Nordhäuser Parks
10.1 Übersicht

Im 19. Jahrhundert bemühte sich Nordhausen, „den modernen Ideen der Gartenstadtbewegung gerecht zu werden"[365]. Die Straßen wurden mit Bäumen bepflanzt sowie zahlreiche Parkanlagen und Grünflächen angelegt. Heute umfassen die Parkanlagen und Grünflächen der Stadt eine Fläche von ca. 80 Hektar.[366]

---

[365] Heineck 1927, S. 213
[366] Nordhausen Parks. https://de.wikipedia.org/wiki/Nordhausen#Parks,_Natu denkm%C3%A4ler_und_Schutzgebiete, abgerufen am 17.07.2024

Nachfolgend wird auf den Stadtpark, das Gehege und die Promenade eingegangen. Da der Rosengarten erst 1927 eingeweiht wurde, wird er nicht berücksichtigt.

10.2 Stadtpark

Der Nordhäuser Stadtpark ist in der zweiten Hälfte des 19. Jahrhunderts entstanden und bis heute ein Anziehungspunkt für viele Nordhäuser und Besucher der Stadt.

Das Gebiet des Stadtparkes war ein sumpfiges Überflutungsgebiet der Zorge und wurde zum Beispiel als Schafweide genutzt. Zur Regulierung der Zorge baute man den Van-der-Foehr-Damm und den Hartmannsdamm, der 1887 fertiggestellt werden konnte. Dadurch war es möglich, aus dem Überschwemmungsgebiet der Zorge durch Aufschüttung und durch umfangreiche landschafts-gärtnerische Arbeiten den „Neuen Park" zu schaffen. Auf dem Hartmannsdamm wurden Kastanien angepflanzt. Weiterhin legte man Wege an, pflanzte eine große Anzahl von Bäumen und Sträuchern.[367] Mit den Arbeiten für den Teich wurde 1895/96 begonnen. Sie konnten 1901 beendet werden. Bild 117 (Seite 173) zeigt den Teich im Jahr 2023. Im Jahr 1899/1900 errichtete der Harzklub einen Gedenkstein zu Ehren des erfolgreichen Arztes, Forschers auf dem Gebiet der Bluttransfusion und Begründers des Nordhäuser-Harzklubzweigvereins Dr. med. Oscar Hasse (Bild 118, Seite 173).[368] Anlässlich der Schillerfeier zum 100. Todestag von Friedrich Schiller wurde 1905 eine Schillerbank, die aus Granit vom Brocken besteht, errichtet und eine Linde gepflanzt. Die Verlängerung des Hartmannsdamms bis zur Altendorfer Brücke fand 1910 statt. Dadurch war ein leichterer Zugang zum Stadtpark vom Westen möglich.[369]

---

[367] Nordhausen Parks. https://de.wikipedia.org/wiki/Nordhausen#Parks,_Naturdenkm%C3%A4ler_und_Schutzgebiete, abgerufen am 03.08.2024

[368] Dr. med. Oscar Hasse. https://nordhausen-wiki.de/wiki/Dr._med._Oscar_Hasse_%E2%80%93_Leben_und_Wirken_eines_Nordh%C3%A4user_Arztes, abgerufen am 18.01.2024

[369] Heineck 1927, S. 212

Bild 117: Teich im Stadtpark, 2023
(Foto: Hans-Jürgen Reinhardt)

Bild 118: Denkmal für Dr. Oscar Hasse, 2024
(Foto: Hans-Jürgen Reinhardt)

Die Reformatorenbank ließen sechs evangelische Gemeinden der Stadt Nordhausen aus Kunst-Muschelkalk vom Nordhäuser Steinbildhauer Edmund Vogel herstellen und anlässlich der 400 Jahrfeier des Wormser Reichstags 1921 aufstellen. Sie soll an die bedeutenden Reformatoren Johannes Spangenberg, Michael Meyenburg und Justus Jonas erinnern.[370]

Der Stadtpark verfügt über einen schönen, vielfältigen Baumbestand. Er umfasst etwa 1.570 Bäume und 23 verschiedene Baumarten.[371] Die Erhaltung des Baumbestandes ist eine kostenintensive Aufgabe der Stadt. Durch die Einrichtung eines Tiergeheges, eines Streichelzoos und eines Abenteuerspielplatzes wurde der Stadtpark in den letzten Jahren an die aktuellen Bedürfnisse der Nordhäuser angepasst.

10.3 Gehege

Das Gehege umfasst ca. 16 Hektar und wurde auf einem hügeligen Gelände, welches weitgehend kahl war, angelegt. Der Rat der Stadt hat um 1738 festgelegt, dass auf dem Geiersberg kein Vieh mehr geweidet werden darf und jeder neu vermählte Bürger mindestens sechs Bäume pflanzen sollte.[372] Die Aufforstung wurde 1745 durch den Magistrat der Stadt beschleunigt, indem er dort 15.000 Waldbäume setzen ließ. Dadurch wurde die Grundlage für den heutigen Hochwald, der vor allem aus Buchen und Eichen besteht, geschaffen. Im Gehege richtete 1817 Carl Friedrich Ludwig Salomon, ein Schüler des Turnvaters Jahn, den ersten Turnplatz in Nordhausen ein. Er wurde bis 1819 genutzt. Noch heute erinnert ein 1900 errichteter Gedenkstein daran. Im Jahr 1829 entstanden die ersten Erfrischungslokale (Bretterbuden). Damals wurde auch das „Maienfest", ein Volksfest unter schattigen Bäumen, gefeiert. Die Musiker sollen in den Zweigen einer alten Linde gesessen haben. Die Tonhalle wurde 1830 errichtet, sodass ab dann regelmäßig

---

[370] Reformatorenbank. https://nordhausen-wiki.de/wiki/Reformatorenbank, abgerufen am 04.08.2023

[371] Neue Bäume für den Stadtpark. https://www.nordhausen.de/news/news_lang.php?ArtNr=30912, abgerufen am 04.08.2024

[372] Gehege. https://www.nordhausen.de/tourismus/objekt_lang.php?ObjNr=5639, abgerufen am 14.08.2024

Konzerte durchgeführt werden konnten. Die Inbetriebnahme des Springbrunnens fand im gleichen Jahr statt. Bild 119 zeigt den Gehegeplatz um 1860.

Bild 119: Gehegeplatz um 1860, Lithografie von Karl Koch[373]

Die Gasbeleuchtung wurde um 1860 eingeführt. Im Jahr 1892 erfolgte eine Umgestaltung des Gehegeplatzes, rund um den Platz entstanden verschiedene Gaststätten.[374] Wie der Gehegeplatz 1912 aussah, geht aus Bild 120 (Seite 176) hervor.
Heinrich Heine, Lehrer und Heimatforscher in Nordhausen, schreibt 1914 über das Gehege im Sommer: „Von der Tonhalle erschallt Musik; vor den Buden unter dem Laubdach, dessen untere Blätter von dem Gaslicht grüngoldig erscheinen, sitzen fröhliche Menschen, und auf dem Platze wogt es auf und ab; die hellen Kleider der Damen geben dem Bilde ein lustiges Ansehen.

---

[373] Ulbrich, Bernd Gerhard/Krawulsky, Roland: Nordhausen am Harz.
Anhaltinische Verlagsgesellschaft mbH, Dessau, 1996, S. 16
[374] Gehege Nordhausen. https://nordhausen-wiki.de/wiki/Gehege_
(Nordhausen), abgerufen am 18.01.2024

So steigt der Abend am Himmel auf, die goldenen Sterne erscheinen, und still hinter den dunklen Bäumen kommt der Mond hervor.“[375]

Bild 120: Gehegeplatz um 1912[376]

Im Jahr 1858 wurde die Gedenksäule für Dr. Carl Friedrich Wilhelm Wallroth aufgestellt (Bild 121, Seite 177). Sie ist etwa 2 m hoch, besteht aus gelbem Sandstein und wird mit einem Pinienzapfen abgeschlossen. Die Gedenksäule hat weiterhin ein Namensschild, das mit Eichenlaub umkränzt ist. Dr. Wallroth (1792-1857) war Arzt, Botaniker und Mykologe. Aufgrund seiner Leistungen auf botanischem Gebiet wurde er 1823 Mitglied der Leopoldina (Nationale Akademie der Wissenschaften).[377]
Das Denkmal für Prof. Dr. Friedrich Traugott Kützing (1807-1893) entstand 1906 (Bild 122, Seite 177). Es besteht aus Granit und besitzt eine Bildnisplakette sowie eine Inschrift. Hermann Arnold (Brennereibesitzer und Förderer von Kunst und Wissenschaft)

---

[375] Heine, Heinrich: Heimatbuch für Nordhausen und die Grafschaft Hohenstein. G. Wimmer´s Buchhandlung, Nordhausen a. H., 1914, S. 95
[376] Nordhausen, Im Gehege. https://deutsche-schutzgebiete.de/wordpress/ projekte/kaiser-reich/koenigreich-preussen/provinz-sachsen/nordhausen/, abgerufen 12.01.2024
[377] Friedrich Wilhelm Wallroth. https://de.wikipedia.org/wiki/Friedrich_ Wilhelm_Wallroth, abgerufen am 17.07.2024

hatte dieses Denkmal in Auftrag gegeben und finanziert. Dr. Kützing war Lehrer für Naturwissenschaften, Botaniker und Algenforscher. Die Würdigung seiner Leistungen auf dem Gebiet der Algenkunde fand 1842 ebenfalls durch die Aufnahme in die Leopoldina statt.[378]

Bild 121: Gedenksäule für
Dr. Wallroth, 2024
(Foto: Hans-Jürgen Reinhardt)

Bild 122: Denkmal für
Dr. Kützing, 2024
(Foto. Hans-Jürgen
Reinhardt)

Für die Gefallenen des Ersten Weltkrieges (1914-1918) errichtete die Stadt 1925 ein Denkmal in Form einer Stufenpyramide aus Porphyr-Tuff.[379] Auf dem Denkmal sind die Namen der gefallenen 1.048 Soldaten aufgeführt.

Oberhalb des Geheges stand die Merwigslinde. Laut Sage soll sie an den Thüringer König oder Stammesfürsten Merwig, der vor seiner Wahl zum König als kunstfertiger Schuhmacher tätig war, erinnern. Als die 700 Jahre alte Linde 1972 gefällt werden musste, hatte sie einen Umfang von neun Metern. Im gleichen Jahr wurde

---

[378] Friedrich Traugott Kützing. https://de.wikipedia.org/wiki/Friedrich_
Traugott_K%C3%BCtzing, abgerufen am 17.07.2024
[379] Kriegerdenkmal. https://nordhausen-wiki.de/wiki/Kariegerdenkmal_%28
Gehege%29, abgerufen am 05.08.2024

an dieser Stelle eine neue Linde gepflanzt.[380] Die Bilder 123 und 124 zeigen den Blick auf die Nordbühne und die Südbühne des Geheges im Jahr 2018.

Bild 123: Gehege, Blick zur Nordbühne, 2018 (Foto: Hans-Jürgen
Reinhardt)

Bild 124: Gehege, Blick zur Südbühne, 2018 (Foto: Hans-Jürgen
Reinhardt)

10.4 Promenade

Die Promenade erstreckt sich entlang der Stadtmauer vom Theater bis zur Wallrothstraße und umfasst etwa 2,4 Hektar. Der damalige Stadtgraben zwischen innerer und äußerer Stadtmauer wurde zugeschüttet und 1837 der Promenadenweg vom Töpfertor zur Hoffnung angelegt.[381] Bild 125 (Seite 179) zeigt die Promenade um 1860.

Im Jahr 1900 erfolgten die Umgestaltung der Promenade zu einer Parkanlage und die Errichtung eines Bismarckdenkmals. Dieses Denkmal (Bild 126, Seite 179) wurde 1946 aus politischen Gründen aus der Promenade entfernt.

Im Oktober 1901 weihte die Stadt auf dem heutigen Theaterplatz ein Kaiser-Friedrich-Denkmal ein. Es musste 1941 abgebaut und eingeschmolzen werden. Eine weitere Umgestaltung der Promenade fand 1902 statt, es wurden z. B. Blutbuchen und Rosen gepflanzt.[382]

---

[380] Merwigslinde. https://nordhausen-wiki.de/wiki/Merwigslinde, abgerufen am 17.07.2024
[381] Heineck 1927, S. 134
[382] Promenade. https://nordhausen-wiki.de/wiki/Promenade, abgerufen am 01.12.2023

Bild 125: Promenade um 1860, Lithografie von Karl Koch[383]

Bild 126: Bismarckdenkmal[384] um 1910

---

[383] Ulbrich/Krawulsky 1996, S. 15
[384] Bismarckdenkmal Nordhausen. https://de.wikipedia.org/wiki/Datei:AK_
Nordhausen,_Bismarckdenkmal_(um_1910).jpg, abgerufen am 01.12.2023

Ein schönes und interessantes Denkmal in der Promenade ist der Neptunbrunnen. Die Stadt versetzte es aus verkehrstechnischen Gründen 1935 vom Kornmarkt in die Promenade (Bild 127).
Zur Geschichte des Brunnens: Der Nordhäuser Brennherr Christian Carl August Böttcher hatte 1824 der Stadt Nordhausen 500 Reichstaler für den Bau einer Statue zur Wasserkunst im Rahmen seines Testamentes vererbt. Die Stadt beauftragte daraufhin den Bildhauer Ernst Rietschel. Er schuf im Jahr 1827 die Statue in Form einer Neptunfigur. Sie war 2,50 m hoch und wog 1.400 kg. Der Guss erfolgte in Lauchhammer in der Niederlausitz. 1828 konnte der Brunnen fertiggestellt und auf dem Platz vor dem früheren Hotel „Römischer Kaiser" eingeweiht werden.[385]

Bild 127: Neptunbrunnen[386] in der Promenade

---

[385] Neptunbrunnen. https://nordhausen-wiki.de/wiki/Neptunbrunnen, abgerufen am 17.07.2024
[386] Neptunbrunnen. https://www.nordhausen.de/tourismus/objekt_lang.php? ObjNr =26431& sortby=, abgerufen am 01.12.2023

11 Zusammenfassung

Ausgehend von der industriellen Revolution in Deutschland wird die Entwicklung der Stadt Nordhausen von Anfang des 19. Jahrhunderts bis zum 1. Weltkrieg im Jahr 1914 zusammenfassend dargestellt. Schwerpunkte sind die industrielle Entwicklung, die Herausbildung einer modernen Infrastruktur, das Bauwesen und die Entstehung der Parkanlagen in Nordhausen. Detailliert wird auf die Brauindustrie, die Kornbrennerei, die Tabakindustrie, die Textilindustrie, die Tapetenindustrie, den Maschinenbau und die Schachtindustrie eingegangen, wobei auch die damaligen Produktionsprozesse und deren Entwicklung für ausgewählte Industriezweige und Firmen behandelt werden. Des Weiteren wird Wert auf die Einordnung der Unternehmen in die nationale und internationale Entwicklung gelegt.

Der vor allem durch die Industrialisierung entstandene Wohlstand der Stadt spiegelt sich in dem Aufbau einer modernen, effizienten und umweltfreundlichen Infrastruktur, z. B. im Bau des Elektrizitätswerkes, in der Einführung einer Straßenbahn sowie in einer regen Bautätigkeit, wider. Es entstanden neue Straßen, Wohnhäuser und attraktive Villen sowie moderne Industriebauten. Der Schaffung von Parkanlagen sowie der Bepflanzung der Straßenränder wurde ebenfalls viel Aufmerksamkeit gewidmet.

In ausgewählten repräsentativen Fällen wird auch Bezug auf die Vorgeschichte und die Gegenwart genommen.

Nordhausen entwickelte sich zu einer lebendigen, fortschrittlichen und aufstrebenden Stadt, deren erfolgreiche Entwicklung durch den 1. Weltkrieg unterbrochen wurde.

Dank

Herrn Hans-Jürgen Grönke, Vorsitzender des Nordhäuser Geschichts- und Altertumsverein e. V., danke ich für die Unterstützung durch Bereitstellung von Literatur und Bildern sowie für eine kritische Durchsicht aus historischer Sicht.

Herr Thomas Müller, Leiter der Traditionsbrennerei in Nordhausen, hat mich durch die Bereitstellung von Bildern und Zeichnungen von der historischen Brennerei Seidel unterstützt.

Herrn Vincent Eisfeld, Stadtbibliothek Nordhausen, bin ich für die aktive Unterstützung bei der Beschaffung der Literatur zu Dank verpflichtet.

Meiner Tochter Ines Holzhause möchte ich besonders für die wertvollen Hinweise zu architektonischen Fragen danken.

Bei meiner Frau, Helga Sigrun Reinhardt, bedanke ich mich herzlich für die kontinuierliche und geduldige Unterstützung bei der Erarbeitung des Buches, insbesondere in der Zeit meiner Erkrankung, sowie für das Korrekturlesen.